Formando agentes de transformação social

Dados Internacionais de Catalogação na Publicação (CIP)
(Câmara Brasileira do Livro, SP, Brasil)

Gaiarsa, J. A.
Formando agentes de transformação social: subsídios para um projeto de faculdade / J. A. Gaiarsa. -- São Paulo: Ágora, 2009.

ISBN 978-85-7183-051-6

1. Avaliação educacional 2. Educação - Finalidades e objetivos 3. Ensino superior 4. Ensino superior - Avaliação 5. Inovações educacionais 6. Psicologia - Estudo e ensino 7. Psicólogos - Formação profissional 8. Reforma educacional I. Título.

09-06985 CDD-378

Índice para catálogo sistemático:

1. Psicólogos: Inovação educativa: Transformação social: Ensino superior 378

Formando agentes de transformação social

Subsídios para um projeto de faculdade

J. A. Gaiarsa

Editora executiva: **Soraia Bini Cury**
Editoras assistentes: **Andressa Bezerra e Bibiana Leme**
Capa: **BuonoDisegno**
Projeto gráfico e diagramação: **Luargraf Serviços Gráficos**
Impressão: **Sumago Gráfica Editorial**

Editora Ágora
Departamento editorial:
Rua Itapicuru, 613 – 7º andar
05006-000 – São Paulo – SP
Fone: (11) 3872-3322
Fax: (11) 3872-7476
http://www.editoraagora.com.br
e-mail: agora@editoraagora.com.br

Atendimento ao consumidor:
Summus Editorial
Fone: (11) 3865-9890

Vendas por atacado:
Fone: (11) 3873-8638
Fax: (11) 3873-7085
e-mail: vendas@summus.com.br

Impresso no Brasil

Sumário

Introdução

O objetivo primário deste conjunto de ensaios é a fundação de uma *faculdade para formar de agentes de transformação social*. Profissionais com essa característica vêm se fazendo cada vez mais necessários.

Nosso mundo muda rapidamente, impulsionado pela tecnologia e pelo capitalismo, este financiando aquela, a fim de vencer a concorrência e maximizar os lucros. Ambos sem levar em conta nossa capacidade e velocidade de adaptação.

De outra parte, estudos em várias áreas das ciências humanas demonstram que o ser humano adulto tem capacidade reduzida de modificar seu comportamento. Na verdade, todas as formas de educação vigentes na família e na escola tendem a reforçar o conservadorismo da tradição e o anacronismo da ideologia autoritária.

Às modificações materiais acrescentam-se transformações sociais de monta, e o ser humano se sente cada vez mais estranho e mais fora do mundo que ele mesmo vai criando.

Exemplos grosseiros: povos e populações marginalizados ou "atrasados", ao receber instrumentos de progresso (digamos, máquinas agrícolas ou apartamentos com encanamento, luz e gás), mal sabem usar essas benesses e frequentemente as usam mal. É imperativo que sejam educados para que possam se beneficiar de tais mudanças.

A família, em particular, sempre elogiada como núcleo social e pedagógico primário, recebe, na verdade, pouquíssimos recursos materiais e educativos. Às mães, centros primários de educação, pouca ou nenhuma assistência é prestada. Nem se cogita a criação de uma Escola de Família. Maternidades e creches são organizadas e regidas por homens – que não sabem e nunca saberão o que é gestar, dar à luz, amamentar e/ou cuidar de uma criança.

Desse modo, jamais nascerá o tão esperado "homem novo" – o habitante do mundo de amanhã ou de hoje!

Por esses e outros motivos torna-se imperativo começar a pensar em *uma revolução pacífica organizada, assistida – e pedagógica.*

É um bom modo de preparar para logo mais um mundo melhor do que o de hoje. Revolução pacífica organizada é bem a ideia: uma escola para a formação de agentes de transformação social.

Princípios gerais 1

A aldeia global sofre de relações *inter*pessoais e *intra*pessoais péssimas, como se pode ver em qualquer jornal ou conversando com qualquer pessoa.

Fator fundamental nessa infelicidade coletiva é uma falsa noção sobre o homem – noção idealizada. Somos muito mais crus, primários, espertos, astutos, cruéis e exploradores do que confessamos. É sempre *o outro* que não presta. Eu sou sempre ótimo, assim como meu bairro, minha cidade, meu país, minha cultura. O mal está sempre fora de mim – do lado de lá –, justificando, portanto, tudo que faço de mal contra eles, os outros, os "inimigos".

Trata-se de um profundo hábito *biológico*: o diferente é perigoso, o semelhante é bom; e assim se resolve, em primeira instância, o problema gravíssimo de nossa agressividade – cultivada *durante dois milhões de anos em nossa vida de caçadores errantes.* Toda essa agressão se dirige *para fora*, e a tribo aparentemente vive em paz (não fossem os maus espíritos...).

Um elemento fundamental de nossa "educação" é aprender a "fazer de conta" que tudo que é dito na ideologia é verdade. Mãe é sempre maravilhosa, pai é sempre admirável (metade dos pais brasileiros é de alcoólatras crônicos), crianças são divinas, o governo é justo, vela e zela por nós, todos os brasileiros são excelentes, nós somos *Homo sapiens*.

Depois dessa ladainha de verdades mais do que precárias, desse aprendizado contínuo de frases feitas – e falsas –, como nos será dado influir eficazmente sobre as coisas a fim de melhorá-las? Como construir um mundo melhor sobre essa areia movediça de convicções falsas?

O caso da família é paradigmático: vivemos dizendo – *em público* – que família é ótimo, mas *em particular* nos queixamos dela. Qual das duas famílias é a verdadeira? Falando maravilhas da família, omitimos sistematicamente este fato: é em família que mostramos nossos *piores* comportamentos. É em família que começa o autoritarismo – crianças não podem aprender por experiência própria, não são responsáveis, nada podem fazer para se proteger dos maus-tratos que lhes são infligidos pelos adultos. Isto é, *desde o começo NÃO aprendemos reciprocidade nem participação*. Espera-se que as pessoas, educadas autoritariamente até os 20 anos, sejam depois... independentes e democratas! Durante os primeiros quinze anos, na família, sexo NÃO EXISTE. Pode-se imaginar tolice mais rematada do que essa? No entanto, ela é aceita e consagrada pela ideologia como questão pacífica e imutável... Consequência (uma delas): gravidez na adolescência.

É preciso rever a ideologia da família para que possam surgir cidadãos mais realistas, mais responsáveis, mais cooperativos.

Aos 3 anos de idade já temos 90% do cérebro pronto.

TODAS as escolas de psicoterapia são unânimes: nossa desgraça pessoal e coletiva começa *nos cinco primeiros anos* da vida – na família, instituição educativa mais do que precária, muito falada e pouco estudada ou cuidada.

A dificuldade de transformar modos de vida – apontada com ênfase por todas as escolas de psicoterapia – se deve ao fato de quase todos sofrerem de maus hábitos parecidos, de tal forma que pessoas mais bem orientadas pareçam "anormais", "loucas"...

Derivações: falsa noção de adulto (ou maduro)/criança. O adulto é responsável, bem equilibrado, consciente, sabe o que faz, tem muito que ensinar. A criança é tola, irresponsável, fantasiosa, engraçadinha e inútil...

O mesmo se diga da dupla governo/povo e, enfim, chegando ao nosso ponto, da relação escola/MEC/professor e aluno. Na escola, como na família, trabalha-se com o mesmo princípio falso: o de *que é possível transferir experiências pessoais*, de tal forma que o aluno estará seguro de não cometer erros – porque aprendeu a evitá-los. Assim como os pais, com seus dizeres bem-intencionados, acreditam proteger os filhos dos erros que *eles mesmos* cometeram...

A escola, do ensino fundamental à universidade, continua autoritária: os de cima dizendo tudo que os de baixo *têm de* aprender – porque os mais velhos sabem o que fazem (veja-se a Guerra do Iraque, por exemplo). A escola continua com alunos emocional e caracteriologicamente imaturos – por dependência familiar e econômica, por estarem, crianças e jovens, proibidos de experimentar, arriscar e errar, modo perfeito de impedir qualquer *aprendizado operante*.

Na escola, continua o aluno a querer saber qual foi a "matéria dada" a fim de "passar de ano" – finalidade máxima dessa coisa esdrúxula chamada faculdade.

Continua o aluno obrigado a aprender tudo que os mais velhos acham importante – mesmo que não tenha nenhum interesse ou valia para ele, hoje mais do que em qualquer outro tempo! Quase toda a "educação" escolar parte do princípio de que é preciso "prestar atenção" – fenômeno crítico de qualquer aprendizado. Supõe-se que isso seja sempre muito fácil, mesmo quando não se tem interesse algum pelo tema. No entanto, *sem interesse real ninguém aprende nada.*

Ou aprende a papagaiar mil frases feitas – e vazias.

A tolice continua, agora em psicologia, na orientação de que é preciso "não se envolver", é preciso "ser objetivo (científico)", isento, não deixar emoções desregradas dominarem a razão madura, sistemática, organizadora... Isto é: NÃO se empenhe, NÃO se comprometa, NÃO se dedique, NÃO se apaixone, NÃO assuma atitudes. Tudo isso é MUITO perigoso...

Aprenda a refinar suas técnicas de disfarce. Psicólogo tem de ser modelo de personalidade. Não foi para isso que estudou? E as mentiras ideológicas se multiplicam e invadem a área profissional, gerando essa impressão de antipatia de que gozam – ou sofrem – os psicólogos (como os médicos, aliás).

* * *

Mas o que mais importa: os estudantes de psicologia são tão verdes quanto seus futuros clientes. Muitos professores também!

Tarefa número um da faculdade de psicologia: *favorecer – e, se possível, acelerar – o desenvolvimento emocional e pessoal dos alunos.* Um engenheiro ou um bancário podem ser sofrivelmente competentes mesmo se emocionalmente enrolados. Mas do psicólogo é *preciso exigir mais* – de sua personalidade, e não só de sua cabeça e sua fala. Como conseguir esse efeito?

Fazendo que os alunos *experimentem em si mesmos e entre eles* as muitas técnicas hoje disponíveis precisamente para este fim: favorecer a maturação da personalidade, acelerar o desenvolvimento pessoal. Ou seja, ampliar sua capacidade de perceber o que fazem, assumir o que fazem, responsabilizar-se pelo que fazem; de envolver-se, comprometer-se, apaixonar-se; de encontrar objetivos na vida que animem e sustentem a ação; de aprender a navegar e flutuar nas ondas emocionais, aproveitando-as para viver mais intensamente, em vez de morrer de medo e viver falando, falando, falando...

Que saiam da escola professores de vida e não professores de frases. O aluno precisa aprender a aprender. Isso mesmo. Vejamos a solução do paradoxo.

Acelerar o desenvolvimento da personalidade parece medida artificial, até autoritária, ilusória ou impossível. Mas a conclusão das psicoterapias é a de que o desenvolvimento das pessoas é *retardado* pela educação.

Neurose e fidelidade à ideologia são sinônimos. Neurótico é quem *diz* crer e acredita se comportar como "todo mundo", como "é certo", como "se deve", como "fica bem", como "é normal"(!). Nesse caso, a pessoa substitui desenvolvimento (ou crescimento) por condicionamento sociofamiliar-escolar. Em vez de *perceber* o que acontece com ela, a pessoa passa a *julgar* o que faz e o que os outros fazem. A julgar se está certo ou errado, mais precisamente. Esta é a consequência pior desse tipo de "educação": a pessoa deixa de perceber o que acontece (senso de realidade) e passa a perceber somente o acordo ou desacordo de comportamentos em relação a certas regras muito faladas (*e bem pouco seguidas*). Faz assim com as ações alheias e com as próprias ações.

Na Escola Nova o aluno – espera-se – aprenderá a perceber *as consequências do que faz, qual a resposta real do outro a seu comportamento*, quais de suas expressões não verbais influem sobre o outro tanto quanto suas palavras – ou mais. Podemos dizer também: os alunos serão convidados insistentemente a VER o que acontece e a OUVIR *tons de voz*, em vez de se limitar a ouvir *as palavras*. Trata-se de uma passagem sobremodo significativa das palavras para a visão – a única capaz de mostrar o que de fato acontece.

Pormenorizando: aulas teóricas sobre escolas e sessões de psicoterapia – tema fundamental da formação do psicólogo – são incompreensíveis para quem não tenha vivido a situação. Aliás, quem aprende sem passar pela situação, seja ela qual for?

Logo, os alunos precisam experimentar essas coisas na pele. Mas terapeutas e terapias são caros. Como fazer psicoterapia para cem pessoas (são necessários de quinze a vinte técnicos...)? Sem contar as rivalidades, contradições e esquisitices de tantas ideias nesse campo, em pleno desenvolvimento e ainda andando às apalpadelas...

Como, então, acelerar o desenvolvimento, ensinar relações pessoais como elas acontecem – e economizar?

A filmagem digital é uma das soluções.

Após um gasto inicial na aquisição de equipamento, haverá uma videoteca disponível. Esta será composta de várias classes de trabalhos. Terapeutas de reconhecida fama e/ou competência permitirão que se gravem de cinco a dez sessões de psicoterapia como ela realmente acontece – com a anuência do paciente, é claro.

Se procurados, na certa serão encontrados mil e um vídeos sobre mil e um assuntos de psicologia já gravados aqui e no exterior. Alunos em terapia em grupo ou isoladamente também serão gravados. Alunos tratando de colegas, idem.

Vídeos têm vantagens melhores e maiores para o ensino, além das econômicas. Podem ser vistos e revistos muitas vezes, *sempre iguais*; podem ser examinados em *câmera lenta*, evidenciando todos os detalhes da comunicação não verbal; podem ser examinados quadro a quadro – uma verdadeira microscopia do comportamento, do gestual, do facial, além do áudio, com as palavras e o *tom de voz*. Enfim, muitas e muitas vezes serão gravados ao mesmo tempo "paciente" e "terapeuta", a fim de se verificar a *relação* entre eles. (Até hoje, na maioria das escolas de psicoterapia, o terapeuta não aparece, tem a obrigação – impossível – de não estar lá). Em suma, o terapeuta aprende a se esconder e a disfarçar melhor do que todo mundo, perfeito modelo do mundo mentiroso onde vivemos...

Não consigo imaginar processo melhor de aprendizado – a visão e audição da situação toda, podendo ser repetidas quantas vezes se faça necessário. Tampouco posso imaginar algo mais interessante e aberto a discussões fecundas – *aquelas que são feitas em torno do que todos estão vendo e ouvindo.*

* * *

Faltou uma categoria de vídeos: aulas magnas com professores de primeira linha na área e minicursos com profissionais competentes – ou não! Criticar profissionais incompetentes é tão útil quanto aprender com os que fazem bem-feito. Competência se julga assim: na entrevista, o que aconteceu foi bom para os dois? Produziu melhora em sintomas ou modificou comportamentos? Cada um desses itens e cada vídeo poderá ser visto e discutido muitas vezes, criando-se, ao longo das discussões, os critérios de eficiência, de bons resultados, de comportamentos que conseguem o que pretendem.

Novo fator de economia: os melhores desde a primeira turma *segundo o julgamento de seus colegas* passam, no ano seguinte, *a monitores*; ao longo dos anos, serão naturalmente selecionados os mais capazes entre estes, que se farão professores – enquanto estiverem dispostos. Quero dizer que ser professor da mesma matéria anos e anos a fio é um desafio à criatividade a que poucos respondem adequadamente (algo semelhante a ser bom marido ou boa esposa durante dez ou vinte anos...). Imagino um quadro móvel de professores, com substituições frequentes, a pedido do próprio professor ou do corpo discente – que é soberano. Claro que a escola existe para os alunos e não para os professores, quero crer.

Professor entediado, turma entediada – e não há saída. É tão importante manter alunos interessados quanto professores interessados. Faz parte do projeto estimular ao máximo a ajuda mútua entre os alunos. Nada melhor, na vida, do que encontrar o amigo certo na hora necessária. Convivendo com muitas pessoas será fácil realizar esse propósito, quebrando o tabu das psicoterapias que duram anos e repetem a família – da qual pretendem livrar a pessoa.

Até hoje os velhos, conservadores, conseguiram manter os jovens dependendo deles, e esse é o processo básico da conservação social. Mas o mundo será melhor – ato de fé – quando cada geração achar seu modo de viver, com legislação própria. Só assim poderemos modificar a sociedade para que ela consiga acompanhar o desenvolvimento alucinante da tecnologia. *Somos cada vez mais anacrônicos em um mundo cada vez mais moderno...*

A criança e o jovem são agentes naturais da renovação. Os velhos eram bons quando o mundo mudava muito devagar, e sua experiência era de todo válida. Hoje não é mais assim.

Projeto: revisão anual ou semestral dos instrutores e professores, em reunião de alunos. As falas serão gravadas em áudio e enviadas aos interessados. Professores, instrutores, alunos e administradores têm voto de igual valor.

Dar-se-á importância a muitas propostas alternativas. Pensar-se-á em uma cadeira que experimente e avalie essas técnicas. Elas nem sempre têm fundamentos científicos (de ciência ocidental), mas não raro se mostram eficazes na modificação de comportamentos. Na verdade, parece que elas estão preparando o próximo século muito mais do que a academia científica. Milhões de pessoas experimentam muitas dessas técnicas.

Será imperativa uma cadeira sobre "felicidade, amor, vida boa" ou algo parecido. A psicologia, como aliás a medicina, sabe demais sobre doença, desgraça e infelicidade – e muito pouco sobre saúde, vida boa, bom amor, educação de boa qualidade. Está na hora de virar a mesa.

Essa cadeira também promoverá estudos e trabalhos sobre gestação, parto e pós-parto, com a ideia de proteger a criança humana – a coisa mais importante do mundo – desde o início, combatendo o horror que são as maternidades hospitalares. Essas novas cadeiras encerram mil oportunidades de fazer *trabalhos científicos* sobre os assuntos propostos. Ocasião para os alunos aprenderem a metodologia científica e a função das estatísticas em ciência.

Destaque especial para a cadeira de educação física. Nas escolas de educação física aprende-se tudo, menos *educação* física. Aprende-se bem mais especialização (competitiva) e brutalização corporal, baseada em nossa profunda (histórica) rejeição da carne pecaminosa e do corpo que é só matéria e, por isso, desprezível. E em nosso machismo tosco. Esses elementos de nossa ideologia são na certa responsáveis por uma parte muito importante das doenças físicas, psíquicas e sociais. Ao longo dessas aulas serão transmitidas noções *funcionais* de anatomia e fisiologia *embasando o psicológico*. O homem moderno é um paralítico e um sufocado – o que nos é dito bem claramente por todas as escolas, tanto ocidentais quanto orientais. Vivemos morrendo em nosso sedentarismo paralítico e em nosso sufoco, resultado da contenção emocional.

Enfim, o que consideramos o mais original do projeto: sua ação social. A Escola se propõe enviar alunos de vários níveis às sociedades populares já constituídas, como associações de bairros, sindicatos, escolas de ensino fundamental, creches, ONGs, associações de mães, centros de saúde, delegacias, com a finalidade específica de *melhorar o atendimento das pessoas nas reuniões*, assim como pesquisar e adiantar nosso tema básico: a reciclagem da família. Os alunos NÃO cuidarão das atividades específicas dessas associações, mas sim do *entendimento* entre as pessoas, da eficácia e do progresso – ou não – dos diálogos nas reuniões dessas associações.

A Escola procurará desenvolver técnicas para a reabilitação de doentes mentais a fim de eles não serem internados. Será uma excelente ocasião para propor novas atitudes à família – nossa preocupação máxima. É hoje noção pacífica: em todos os casos de psicopatia, *toda* a família está envolvida.

Outro modo de atuação social: visitas a famílias próximas da Escola ou famílias que solicitarem nossa presença para ver, ouvir, discutir e propor em ato, no lugar certo e com todas as pessoas envolvidas, novos rumos no relacionamento, menos ideológicos e mais realistas, mais abertos e sinceros.

Notar bem: nessa atuação da Escola haverá novamente muitas oportunidades de fazer mil pesquisas e trabalhos científicos, sob a supervisão dos professores de Metodologia e Estatística.

Enfim, em vez de uma clínica minúscula que atenda uns poucos indivíduos, a Escola poderá oferecer – usando técnicas corporais – trabalhos com grandes grupos, com pouca ou nenhuma verbalização e uma boa oportunidade de influir bastante sobre muitas pessoas.

Quanto à administração, o ideal é que a Escola esteja ligada à uma fundação sem fins lucrativos e sem filiação político-partidária ou doutrinária. Ela deverá ser administrada por alunos, cobrando o mínimo e pagando bem aos poucos mestres fixos – ou móveis.

Alunos que trabalharem para a escola ou que forem monitores receberão pelo trabalho que executarem.

2 Manifesto da revolução psicológica: reformulação do ensino de psicologia

Os alunos não se interessam pela escola nem pelo estudo. A explicação mais provável é a de que a escola não se interessa pelo aluno nem pelo estudo.

Qualquer escola que funcione em regime de frequência livre dificilmente conta com mais de 30% dos alunos em suas classes. Nas outras, os alunos descobrem mil subterfúgios para ter frequência sem estar presentes.

Em uma faculdade de psicologia existe uma direção que parece promissora: cuidar principalmente dos problemas pessoais dos alunos, dos problemas nascidos de sua interação e coexistência, bem como dos problemas presentes nas relações entre alunos e seu mundo próximo – inclusive os professores!

Seguindo essa direção, os alunos aprenderão psicologia cuidando de si mesmos, dos colegas, da comunidade que formam e, por fim, da comunidade onde vivem.

No currículo estará previsto um aprendizado contínuo, prático e individual, de como resolver problemas humanos, pessoais, interpessoais, grupais e intergrupais. Serão ensinados princípios e técnicas capazes de estimular o desenvolvimento e a integração da personalidade dos alunos.

Em nossa sociedade, a educação sofre de um defeito insanável: os alunos saem das faculdades semitreinados nas teorias e técnicas da sua área mas pessoalmente se mostram tão imaturos como quando entraram. Apesar dos mil elogios feitos à educação formativa, a verdade é que as faculdades informam demais, treinam pouco e não formam.

No caso do psicólogo, o drama se faz agudo. Recém-formado, ele tem o direito legal de julgar, aconselhar e tratar as pessoas em tudo que se refira a seus problemas humanos. Mas, à parte o conhecimento verbal que ele teve na escola, sua experiência de vida e sua formação de personalidade não estão um passo adiante das de seus pacientes. Ambos dispõem apenas da formação familiar específica que lhes coube por acaso – e de quase mais nada. Por isso o trabalho consciente e eficaz é substituído por poses e falações tão intermináveis quanto inócuas.

A pergunta que se propõe é esta: é possível acelerar o desenvolvimento ou a maturação da personalidade? Se oferecermos às pessoas uma variedade grande de situações de prova e desafio, poderemos em um ano conseguir um desenvolvimento que, em condições usuais de vida, poderia demorar cinco ou dez anos? Compare uma criança da zona rural com uma criança que vive numa cidade grande.

O segundo recurso para acelerar a maturação é um cuidadoso e persistente trabalho de assimilação ou reflexão sobre a experiência de vida.

Essas duas coisas podem ser feitas na escola.

Proponho que a escola de psicologia seja essencialmente um ambiente favorável ao desenvolvimento pessoal, capaz de solicitar, estimular e exigir dos alunos um trabalho individual contínuo, oferecendo por sua vez princípios, técnicas e técnicos os mais variados, condizentes com esse fim.

Essas técnicas deverão ser experimentadas por todos os alunos e depois discutidas uma a uma, persistente e amplamente. Tal organização é necessária por quatro razões fundamentais:

1. Aceita-se hoje que o normal, o neurótico e o psicótico estão inquietantemente próximos e que podemos todos, se as circunstâncias pesarem bastante, transitar de um para o outro até chegar ao seguinte... Seria bom que todos se cuidassem e que todos fossem cuidados. Melhor ainda se aprendêssemos todos a cuidar uns dos outros. O problema do mundo moderno é como dar amor ao próximo.

2. Proviemos todos de formação familiar tradicional, com as graves restrições que essa forma de educação impõe. Cada qual vê o mundo em função dos limitados recursos de seus pais. Praticamente toda a psicologia da neurose se confunde com a patologia familiar. Numa escola em que o aluno cuidasse de si e fosse cuidado por outros anos a fio, muitas das limitações familiares seriam desfeitas, e o aluno adquiriria uma visão mais ampla e um maior senso de relatividade dos próprios valores. Ele aprenderia, quando menos, a virtude fundamental da tolerância: aceitação das diferenças de costume, comportamento e opiniões.

Já está provado que os alunos aprendem mais entre si, trocando experiências pessoais, que dos professores, das aulas ou dos livros. Em psicologia, essa afirmação é muito mais válida do que nas demais áreas. Oficializando o intercâmbio de experiências pessoais, será oferecida ao aluno a possibilidade de adquirir uma larga visão social das muitas subculturas – que vão desde o lar, a vizinhança e o bairro até a cidade, o estado e o país. Os alunos terão numerosos modelos de valor e desempenho dos pequenos grupos familiares, de amizade, de recreação e muitos outros. Poderão confrontar as inumeráveis visões do mundo ligadas aos mais variados tipos psicológicos, que sempre podem ser encontrados em classes de oitenta ou cem alunos.

3. Nos últimos anos vem ocorrendo o desenvolvimento vertiginoso de técnicas destinadas a favorecer o desenvolvimento e a transformação da personalidade. Parece evidente que esse desenvolvimento acelerado responde a uma necessidade profunda do nosso mundo. É lugar-comum na nossa atmosfera intelectual afirmar que a tecnologia está acelerando cada vez mais as transformações do mundo material em que vivemos. *Nosso mundo se desenvolve muito mais depressa do que nós.* Estamos cada dia mais atrasados em relação à nossa obra. É preciso que haja especialistas em desenvolvimento humano e, para isso, pessoas em desenvolvimento contínuo. Uma escola de psicologia que trabalhe nos moldes propostos tenderá a formar, com os alunos, tipos de vida comunitária bem diferentes dos usuais e, espera-se, melhores do que os existentes. Esses tipos de convívio poderão servir como modelo e como centro de influência para as populações leigas próximas e sobre elas. Com o tempo, pode-se esperar que a escola cuide de todas as relações psicológicas da cidade onde funciona.

Na escola tradicional de psicologia, o drama é o estágio, o treinamento, a prática. É difícil encontrar o lugar. O lugar tem sempre outro especialista, médico, no centro do palco. O lugar é sempre precário. O fato de um médico estar no centro é muito prejudicial para o estudante, porque ele se sente um auxiliar limitado e facilmente vetado por outro profissional. Não tem autonomia. O estágio é precário porque o aluno vai tratar de gente que já está sendo tratada (portanto, ele é inútil); vai estudar pessoas muito distanciadas do usual (psicóticos crônicos); vai empenhar-se pessoalmente numa tarefa desalentadora como a de cuidar de indigentes que são doentes crônicos, pobres restos humanos quase sem forma de gente. Esse paciente típico ajuda muito pouco o psicólogo a aprender coisas e contribui para desenvolver nele atitudes de irresponsabilidade, compaixão e paternalismo, francamente desfavoráveis para sua atividade futura, quando ele atuar com pessoas bem menos maltratadas pela vida.

4. O último inconveniente, e a nosso ver o mais grave de todos, é que nos hospitais psiquiátricos de depósito de gente – e também nos sanatórios com melhor população – sempre se ensina muito mais doença que saúde. No entanto, pela digressão prévia sobre um mundo em mudança, torna-se claro que precisamos de especialistas que aprendam a cuidar do desenvolvimento de pessoas normais, que estejam interessados na organização de um mundo melhor e não no tratamento dos restos humanos que uma civilização desumana vai largando pelo caminho.

Aqui, como na medicina, uma hora de profilaxia vale por dez anos de terapia. Se os alunos aprenderem uns com os outros e, em seguida, com as pessoas ditas normais da comunidade próxima à escola, então teremos um trabalho realista, estimulante e de alto rendimento social. Esse enfoque a respeito da função da faculdade, entre os muitos benefícios que estamos enumerando, traz mais um: o jovem estudante não vai se sentir num desvio, nem marcando passo, enquanto espera sua vez de entrar no sistema. Desde o primeiro ano ele está desenvolvendo uma atividade tão significativa como a de qualquer profissional em exercício. Na verdade, ele estará desde o começo sendo extremamente útil para si e para os outros. Estará, mais do que ninguém, construindo o novo mundo de amanhã. Os alunos farão, como "estágio", visitas domiciliares e realizarão terapia familiar (nas casas) e socioterapia (nos escritórios e empresas), no local e na hora "certos". Essa é a única forma de cuidado psicológico que pode ser chamada de natural (ou funcional). Os grupos usuais de psicoterapia são todos artificiais – reunião de pessoas motivada por um sintoma ou doença, sem consideração alguma pelas peculiaridades pessoais e circunstâncias sociais de cada um. Esse, aliás, é um dos pontos altos da antipsiquiatria.

Procedendo assim, uma classe, depois uma faculdade, depois uma universidade e, por fim, uma cidade poderão ser transformadas em comunidades. Isto é, lugares onde as pessoas são levadas em consideração, onde se pensa tanto nas leis (gerais) como nos indivíduos. Podemos dizer, hoje, que não há mais lugar para ajustadores. Não há mais desajustados isolados – e raros.

Podemos dizer, paradoxalmente, que toda a sociedade está desajustada.

Dir-se-á que esse trabalho, entregue a estudantes, é perigoso.

Dir-se-á que a formação de um psicólogo é demorada e não pode ser abreviada.

Dir-se-á que trabalhar com gente é muito sério e delicado, exigindo por isso formação longa e demorada.

Digo que essa formação pode ser rápida se pusermos os alunos desde o começo no campo de batalha, iniciando o trabalho com eles e por eles, intensivo e contínuo. Digo que é melhor fazer assim do que como se tem feito até agora. Temos nos contentado com uma formação verbalista e livresca do psicólogo, e não temos feito nada a favor do desenvolvimento pessoal das populações e dos povos.

Todos os meios de comunicação estão cheios deste grito quase desesperado: os homens estão cada vez mais perdidos no mundo que estão fabricando.

Creio que é preciso começar a fazer alguma coisa já. Acredito que é extremamente perigoso continuar não fazendo nada ou fazendo apenas as coisas mais ou menos inócuas que têm sido feitas pelos governos e pelas escolas até agora.

Aliás, o que se vê de fato é a diferença sempre crescente entre a formação oficial precária de técnicos e a demanda avassaladora das populações.

Essa diferença está fomentando a formação extracurricular de técnicos à custa de pequenos cursos feitos aleatória e desordenadamente.

Quando não é assim, então é a psicanálise formando sua elite socialmente inútil, à custa de um currículo exigentíssimo, caríssimo, restrito e restritivo.

Em suma, é necessária a revolução psicológica.

O aburguesamento notório da Rússia e dos países nórdicos (nominalmente socialistas) demonstra que a simples revolução política e econômica não muda as pessoas nem altera a família; isto é, não altera as relações pessoais.

Para tanto, é preciso um trabalho específico, que as escolas de psicologia poderiam executar dando aos alunos uma fascinante oportunidade de intervir no desenvolvimento social de forma sistemática, pacífica, eficaz e profunda.

ALGUMAS PROPOSTAS ESPECÍFICAS

Na Escola Nova, o tempo será distribuído em três terços iguais.

O primeiro terço será empregado nas muitas formas de psicoterapia – que melhor se denominariam "princípios e técnicas de desenvolvimento pessoal e grupal".

O segundo terço na biblioteca, em leituras dirigidas ou não, discutidas ou não, conforme o caso.

O terceiro terço em aulas das matérias, ao mesmo tempo indispensáveis e não suscetíveis de aprendizado integrado.

Todo o terço empregado em técnicas de desenvolvimento pode e deve ser considerado estágio, nos termos da lei. É "prática".

INSTRUMENTOS DE ENSINO

Ensinar técnicas de desenvolvimento pessoal (TDP) a quinhentas ou eventualmente mil pessoas ou mais não é tarefa simples. Será preciso recorrer a duas soluções básicas: a situação--modelo e a corrente de cooperação.

A situação-modelo é, por exemplo, a do psicodrama público. De um auditório grande são convidadas dez a quinze pessoas, com as quais o psicodrama que se faz é visto e comentado pelos demais assistentes. Essa solução pode ser usada para o ensino de qualquer forma de psicoterapia, dinâmica de grupo ou TDP.

A entrevista bipessoal – a mais fundamental situação do psicólogo – deverá ser profundamente aprendida. Propomos que sejam feitas entrevistas de professor para aluno – e, subsequentemente, de aluno para aluno – em plena classe, com assistência de todos. A entrevista será feita somente com voluntários, que sempre poderão negar-se a responder o que lhes pareça muito indiscreto. Tais entrevistas serão completadas por perguntas dos demais alunos. Em seguida, serão discutidas por classe, professor e entrevistado.

Seria de máxima utilidade filmar a entrevista. Terminada a discussão, a classe veria o vídeo com nova discussão e a possibilidade de parar cenas ou repeti-las. Esse tipo de ensino é notavelmente eficaz para aprender a observar e para alimentar uma discussão sempre útil – isto é, sempre em cima dos fatos.

Ideal será o emprego de duas ou três câmeras simultaneamente, uma para o entrevistado, uma para o entrevistador e uma para o auditório. Só assim podem-se evidenciar correlações fundamentais de expressão do rosto, do corpo e do tom de voz, que são muito fugazes e não podem ser mostradas a não ser que sejam fixadas.

A técnica da corrente de cooperação também pode ser usada para as várias formas de psicoterapia e TDP.

Trata-se de selecionar um grupo de dez a quinze alunos que serão intensivamente treinados, digamos, em sensibilização para a expressão não verbal. Depois de várias sessões, dependendo do aproveitamento, esses alunos passam a liderar grupos iguais de novos alunos, transmitindo o que aprenderam para os colegas, com supervisão do professor.

Os alunos treinados devem operar sempre em duplas ou trios, para controle, auxílio e avaliação recíprocos, assim como para discussão fecunda. Uma discussão é fecunda quando duas ou mais pessoas falam sobre o que viram juntas.

Há inúmeras técnicas breves que podem ser facilmente ensinadas desse modo.

Não se trata apenas de um aproveitamento econômico de recursos. É fundamental que o aluno tenha feito (ou sofrido) e que saiba fazer o que só se aprende fazendo.

É plausível pensar que os alunos de cada semestre se exercitem com os alunos do semestre anterior.

Em um futuro não muito distante – cinco anos, talvez –, podemos imaginar uma escola funcionando quase que exclusivamente com alunos.

O terceiro tipo de aula incluirá matérias indispensáveis que não se prestam às técnicas previamente propostas.

Mesmo nesse caso, os professores deverão aplicar abundantemente técnicas de *role-playing* e dramatização, de dinâmica de grupo (discussões) e participação pessoal dos alunos.

Por exemplo: sempre que viável, o professor começará a aula solicitando depoimentos e opiniões pessoais dos alunos, pois sempre há aqueles que leram, viram, sofreram ou ouviram falar da questão.

Pode se fazer necessário oferecer ao corpo docente a oportunidade e os meios para uma reciclagem nessas técnicas.

Aliás, uma vez que a reforma esteja em curso, é importante pensar sobre o corpo docente, sobre sua capacidade de tolerar e manipular o feedback dos alunos, cada vez mais soltos, integrados, interessados e ativos.

A frequência à biblioteca – duas a três horas por dia – é essencial à formação intelectual do aluno, e todos os esforços deverão ser feitos para consegui-la. Não só a frequência, claro, mas a leitura propriamente dita. Terão de ser imaginados dispositivos de controle da leitura efetuada.

O caso particular dos testes se resolverá naturalmente por sua aplicação de aluno a aluno – seguindo um primeiro modelo professor-aluno.

Não só a técnica será aprendida e comentada como também o diagnóstico, proporcionando a cada aluno numerosas indicações sobre sua personalidade. É um treinamento muito útil de nomenclatura e capacidade de dizer as coisas.

Todas as propostas técnicas aqui mencionadas apoiam-se pesadamente na convicção de que um aprendizado eficaz se faz muito mais por imitação que por leitura ou audição. Ainda, que o bom aprendizado é multissensorial, vivido e atuado, em vez de simplesmente ouvido.

Os bons alunos, com o tempo, assimilarão a identificação que fizeram com os professores. Os menos bem dotados agirão com proveito em função dessas identificações.

QUANTO À EDUCAÇÃO FÍSICA

Hoje, com o amplo desenvolvimento das técnicas de manipulação, percepção e controle do corpo – todas visando o desenvolvimento pessoal e a correção de más posturas físicas e mentais –, não teria cabimento deixar a cadeira de educação física cuidando apenas de alguns exercícios mais ou menos estereotipados e de alguns esportes de competição.

Essa cadeira terá a oportunidade de ampliar horários e remodelar consideravelmente seu currículo, levando a velha ginástica para os novos caminhos da consciência e do controle do corpo.

TRABALHOS CIENTÍFICOS

Como muito do trabalho escolar será feito em classe, os alunos terão tempo livre. Como todo o projeto é pioneiro e original, ele poderá e deverá ser desenvolvido com cuidado, com registros múltiplos e ampla documentação. Assim serão produzidos numerosos trabalhos científicos de grande valia, aprendendo os estudantes, ao mesmo tempo, as regras desse tipo de trabalho.

METODOLOGIA CIENTÍFICA

Essa cadeira poderia ensinar os alunos a transformar toda ou a maior parte da experiência vivida por todos em trabalhos científicos formalmente corretos.

TÉCNICAS DE DESENVOLVIMENTO PESSOAL (TDP)

Seria bom confinar todas as TDPs a uma cadeira básica, funcionando desde o primeiro semestre e perdurando por quatro ou mesmo seis semestres.

Caberia a essa cadeira organizar a formação básica de todos os alunos e lançar os fundamentos para que, nos semestres finais, pudessem ser propostas e experimentadas, já a título de especialização, algumas das grandes teorias e técnicas psicoterápicas: psicanálise freudiana, Reich, Jung, Gestalt, análise existencial, transacional, comportamentalismo, hipnose e técnicas de relaxamento, bioenergética, Feldenkrais.

A cadeira de TDP proporcionaria a pequenos grupos de dez a vinte alunos cursos de cinco a vinte aulas sobre interpretação de sonhos (dos alunos), dramatização, *role-playing*, manipulações e massagens corporais, musicoterapia, terapia pela dança, pelo movimento, pela expressão corporal, formas simples de relaxamento, leitura do corpo, dessensibilização, exercícios respiratórios, interpretação de associações livres e desenhos, de gestos e expressões e outras atividades.

Seria descabido excluir as muitas técnicas alternativas e orientais de desenvolvimento pessoal. Essa cadeira deveria organizar e controlar a rede de difusão das técnicas dos pequenos grupos para todos os alunos. Ela deveria funcionar junto com a cadeira de educação física e com as cadeiras de psicoterapia.

DIPLOMAS DIFERENTES

Será importante pensar no fornecimento de diplomas diferentes para currículos diferentes. Creio que a psicoterapia é uma arte para a qual são indispensáveis certas aptidões que nem todos possuem.

O tipo de currículo proposto permite fazer a seleção com muito vagar e com muitos dados pessoais, evitando-se assim injustiças com os alunos e, ao mesmo tempo, salvaguardando tanto o bom nome da escola quanto a autenticidade do diploma dado e a idoneidade do profissional.

PRONTO-SOCORRO PSICOLÓGICO

Como a escola se propõe, de início, trabalhar com a personalidade de seus alunos, é de esperar que ocorram algumas descompensações agudas, desde "crises de nervos" até episódios mais graves.

O que parece ser inconveniente sério, visto de outro lado se mostra como triagem necessária. Se entre os alunos houver algum com distúrbio grave de personalidade, melhor será detectá-lo em tempo e tratá-lo.

Já as crises de nervos, não obstante seu aparato, não devem causar receios. Mas será necessário treinar alguns alunos em técnicas para enfrentar esses episódios agudos e muni-los de medicação sedativa (hoje em dia muito segura) e da possibilidade de fazer injeções se necessário.

LUGAR PARA FICAR À VONTADE

Além do grupo de pronto-socorro, a escola deve dispor de acomodações para que pessoas muito deprimidas, ansiosas, interiorizadas ou enraivecidas possam ficar absolutamente à vontade e fazer o que lhes der vontade, como chorar, gritar, ficar no canto, quebrar coisas inúteis, cansar-se fisicamente até a exaustão etc.

Também para esse lugar será preciso treinar um grupo de alunos que saibam ficar por perto interferindo o menos possível.

OPORTUNIDADES DE TRABALHO

É de supor que os alunos aprenderão, em cinco anos, a viver comunitariamente. Eles poderão, depois de formados, transformar as comunidades em equipes de trabalho, permanecendo juntos.

A título de exemplo:

- Equipe para terapia familiar.
- Equipe para reorganização de relações pessoais no trabalho, escritório, instituição.

- Equipe para treinamento de pessoal pela técnica de *role--playing*.
- Equipe para assistência à mãe, ao parto e à educação de crianças.
- Equipe para viver em comunidade-modelo, aceitando pessoas perturbadas que poderão melhorar ou curar-se simplesmente vivendo em um lugar onde as pessoas aprenderam a conviver.

A ideia de continuar em equipe é importante no plano pessoal. Sem um grupo de apoio ninguém se aguenta em posição diferente das estabelecidas. *A "melhora" pessoal obtida na escola só poderá manter-se com o apoio do grupo.*

SUGESTÕES LIGADAS A CADA DEPARTAMENTO

Anatomia

Cuidar bem da anatomia de superfície e das ações musculares, que deverão ser experimentadas uma a uma por todos, como ação voluntária, observação do outro, palpação e sensação proprioceptiva.

O reparo se impõe quando se considera o crescente volume de técnicas de movimento aplicadas com função psicoterápica.

Introdução à psicologia

Pode-se partir de um grupo que conversa e de outro que observa. Depois de uma hora, o grupo observador faz comentários sobre os protagonistas e aos poucos o orientador vai apontando e conceituando, de baixo para cima, o que é um pensamento, uma imagem, um sonho, um impulso, um temor etc.

Idealmente, a introdução à psicologia poderia confundir-se com laboratório de sensibilidade mais discussão.

Sociologia I e II

Iniciar o estudo da matéria fazendo a sociologia estatística e dinâmica, qualitativa e quantitativa de cada classe (de alunos), depois da escola toda e por fim da cidade, indo às explicações mais teóricas ou sistematizantes após a verificação dos fatos. Ao mesmo tempo que se estuda o valor dos preconceitos, das atitudes, a formação de pequenos grupos, a rivalidade das panelinhas, vai-se fazendo a quantificação de tudo que for quantificável – com auxílio da cadeira de estatística, que se colocará a serviço do plano geral.

Com o tempo, será conveniente ampliar o trabalho sociológico e, no limite, pensar em uma escola de agentes de transformação social.

É claro que o trabalho dos sociólogos se aproxima do trabalho político no sentido de visar grandes números e leis gerais relativas a grupos humanos. É claro que o psicólogo, por sua vez, não costuma ter noção suficiente do contexto social, da atmosfera que a pessoa humana respira e na qual se move – seu ecossistema. Muitas vezes o psicólogo se perde no seu trabalho, por julgar que o paciente está sofrendo devido a circunstâncias pessoais, incapaz de perceber que o quadro social – maior – tem muito que ver com o sofrimento da pessoa.

Equipes de agentes de transformação social (ATS) são as únicas que podem cuidar de cidades. Essas equipes precisam conhecer o total da população, com seus usos e costumes familiares, econômicos, religiosos, seus preconceitos e limites. Depois os psicólogos personalizarão o trabalho, no contato direto com pessoas e pequenos grupos.

Creio que a formação de equipes de ATS, estudando o comportamento de comunidades individualizadas e de indivíduos em comunidade, poderá ter forte apelo para os jovens.

Incidentalmente, pode-se imaginar que as escolas de ATS atrairão um maior número de jovens do que as escolas de psicologia.

É minha convicção pessoal que o excessivo desequilíbrio entre o número de homens e mulheres de qualquer grupo humano é mau – qualquer que seja a tarefa proposta.

Língua portuguesa

Em vez da cediça gramática ou da literatura fantasma (a que fala de livros que ninguém lê), dever-se-ia acentuar muito quatro coisas fundamentais:

- Aprender a falar (e saber o que se está dizendo).
- Aprender a ouvir (e entender e perguntar).
- Aprender a ler.
- Aprender a escrever.

Certa ampliação do vocabulário psicológico e da arte – difícil – de dizer as coisas íntimas seria bem-vinda. Descrever expressões de rosto e de corpo do outro e descrever estados interiores poderia ser tido como TDP.

É preciso lembrar que a semântica, entendida de certo modo, já é tida hoje como um método de psicoterapia.

Antropologia

Seria ótimo começar confrontando costumes familiares diferentes dos próprios alunos em função da nacionalidade, classe social, profissão dos pais etc. Como se faz em casa: comer, dormir, educar, dinheiro, função de pai, mãe e filho, preconceitos etc. Só depois se generalizaria.

Tanto em antropologia quanto em sociologia é fundamental acentuar a relatividade dos valores sociais, bem retratada na diversidade de costumes de cada um.

Fisiologia

Tentar fazer as pessoas sentirem a fisiologia nas sensações provenientes do próprio corpo.

Experimentar técnicas de condicionamento, relaxamento, autossugestão e feedback para testar controle voluntário de funções ditas involuntárias.

Estatística

Toda a elaboração quantitativa da experiência de ensino-aprendizagem deverá ser discutida pelo professor com os alunos. Como, de que modo e até que limite se pode quantificar tal tipo de experiência.

3 Fundamentos do uso da câmera em psicoterapia

Vamos enunciar e comentar alguns princípios que nos permitem manejar com proveito uma câmera, assim como compreender os efeitos que se obtêm com ela, em psicoterapia individual e de grupo e no ensino da psicologia. Usamos uma câmera às claras e na mesma sessão a gravação é mostrada ao grupo, que a comenta juntamente com o terapeuta.

PRIMEIRO PRINCÍPIO: NARCISO

Narciso não é o mito do amor-próprio. Aliás, as pessoas amam a si mesmas pouco e mal.

Narciso é o mito que retrata o poder de reflexão do homem, condição necessária – mas não suficiente – para que ele modifique seu universo e a si mesmo da maneira que lhe aprouver.

A reflexão começou na superfície da água e depois gerou, à maneira de uma primeira consequência, o espelho. Desde os primórdios o espelho foi usado pelas pessoas *com o fim de modificarem a própria aparência.*

Mas na água e no espelho aquele que está lá sou eu. Aquela imagem é minha porque me obedece, faz o que eu quero, mas – fato estranho! – é uma desconhecida para mim.

No vídeo não sou mais eu (fui eu), nem sou mais meu: aquela imagem não me obedece mais. Ganhou autonomia. De novo: é uma estranha para mim! No entanto, é tudo que o outro vê e percebe de mim!

SEGUNDO PRINCÍPIO: OBJETO, TEMPO E REPETIÇÃO DA REALIDADE

Só um objeto pode ser objetivo: uma câmera – de TV, de cinema, de fotografia. Só uma imagem é objetiva: aquela gravada em vídeo ou em celuloide.

Mas a imagem objetiva, ao ser vista e comentada, se faz subjetiva de novo – irremediavelmente. É uma reflexão...

É um "reflexo" que pode ser repetido, isto é, pode ser revisto – em vários sentidos: visto de novo, visto criticamente cada vez melhor, na medida em que se vê mais e mais vezes.

Nenhuma psicologia dinâmica considera o tempo de consciência – de reação ou percepção (de algum modo eles se confundem). Podemos ver bem, analisar e compreender tudo aquilo que acontece nem muito devagar nem muito depressa. À medida que aumenta a velocidade da ocorrência, piora a qualidade da percepção. Testemunhas de um acidente – que é rápido – fazem relatos muito diferentes a respeito do fato que, no dizer usual, foi o *mesmo* para todos.

Quanto mais precária a percepção, mais preenchemos o que percebemos mal com hipóteses ou suposições. Não é difícil mostrar quanto é parcial e tendenciosa a recordação visual dos fatos e, sobretudo, o relato verbal destes.

É dessa parcialidade tendenciosa que se alimentam os chamados *mecanismos neuróticos*. Se as pessoas vissem *com clareza e nitidez* cada situação, não sofreriam transferências de comportamento.

Quanto à parcialidade da percepção, cada um de nós é um especialista em perceber coisas condizentes ou opostas a nossas atitudes predominantes.

A pessoa de atitude submissa vê de preferência, nos demais, modos, olhares e tons de voz depreciativos, de pouco caso e desprezo. A pessoa prepotente só vê quem possa se opor a ela e quem se submete a ela.

Mais precisamente: cada pessoa só vê gestos, atitudes, olhares e palavras que concordam com seu esquema de atitude e de vida.

A repetição de uma cena gravada permitirá às pessoas verem mais do que viram da *primeira vez* o que, em condições usuais de vida, é a *única vez*. Podem refazer o passado...

TERCEIRO PRINCÍPIO: ABSTRAÇÃO

A imagem gravada é um modelo de abstração:

- porque permite isolar um rosto ou uma pessoa de seu contexto;
- porque permite separar a imagem visual do som da voz e das palavras;
- porque permite retardar, parar ou acelerar o tempo.

Quanto maior o número de modos de dividir a realidade – supõe-se –, melhores as possibilidades de reconstruí-la. As probabilidades de síntese ou integração são proporcionais às probabilidades de análise ou decomposição.

A face ou o personagem abstraídos pela câmera são em seguida vistos simultaneamente por *todos* os elementos do grupo, o que não é comum durante as sessões usuais.

A figura que aparece no monitor é um protagonista em sentido próprio, comandando a *atenção* de todos, solicitando a identificação de todos (ou a projeção) – inclusive a do próprio paciente e do terapeuta. Este fato contribui para a coesão grupal: participação na mesma imagem.

Fator adicional importante é o treinamento cultural de todos para a visão atenta e crítica da situação no cinema e na TV – comercial ou recreativa.

QUARTO PRINCÍPIO: TOTALIDADE

A imagem gravada pode nos ensinar a perceber a totalidade e a continuidade do que acontece aqui e agora.

Modelo: grava-se uma cena de psicodrama. Convida-se o grupo a fazer comentários. Por eles se demonstra que ninguém lembra mais do que – digamos – 20% do que aconteceu; que cada um selecionou o que viu em função de sua posição (ou atitude); que cada um interpreta ou explica o que viu em função dessa mesma posição (ou atitude). Com isso ela se reforça, se faz cada vez mais a mesma, cada vez mais difícil de modificar. O mesmo acontece com a resposta. Respondo sempre igual ao que percebo sempre igual. Tudo que foi visto é "real" e todas as interpretações são plausíveis, mas tudo é parcial.

Projeta-se a gravação uma, duas, dez vezes. Com isso pode ocorrer uma unificação múltipla:

- cada um vê como o outro viu (como cada um dos outros viu);
- o protagonista vê como foi visto pelos olhos de cada um dos outros;
- o protagonista vê a si mesmo;
- cada um vê tudo;
- todos veem tudo.

QUINTO PRINCÍPIO: CORPO E ALMA

A imagem gravada permite integração: da imagem interna de mim mesmo (que é só minha) com a imagem externa de mim mesmo (que só os outros têm).

Das faces que me são familiares, a mais estranha é a minha. Tenho o outro sob meus olhos sempre que me relaciono com ele; por isso o conheço. Já minha face raramente vejo e quando a vejo é apenas com a intenção de me arrumar. Olhar atentamente para um espelho é sempre uma experiência significativa e ver-se filmado nunca deixa de ser uma surpresa. No relacionamento a dois a situação de conhecimento da face alheia e a ignorância da própria face está sempre presente – com reciprocidade.

Somos todos muito ingênuos ao admitir sem discussão (e sem consciência) que *nossa intenção* se retrata fielmente em nosso *rosto*. Ou, ao contrário, que estamos disfarçando muito bem nossas segundas intenções.

Quase nunca isso é verdade. A resposta do outro depende não só de nossas palavras (intenção consciente), como de nossa expressão não verbal, de nosso tom de voz, de nossas expressões faciais, gestos, atitudes. *Essa discordância entre o íntimo e sua expressão responde pela maior parte das perturbações da comunicação entre as pessoas.*

Exemplos: palavras gentis e olhar duro; declaração de simpatia e tom de voz de professor dando aula; grunhidos de compreensão com ar distraído.

A imagem gravada permite que as pessoas examinem criticamente suas expressões e atitudes, permitindo que assimilem a própria face e os próprios gestos.

O processo de assimilação se faz com muita resistência, com muita ansiedade, confusão, agressão e depressão. Equivale a assimilar a maior parte de nossos "complexos" ou identificações inconscientes.

Assim se favorece a coordenação entre a intenção e seu instrumento, que não é apenas a palavra mas também a expressão não verbal.

SEXTO PRINCÍPIO: FREUD E REICH

É preciso afirmar enfaticamente que os princípios básicos da psicanálise *são inúteis sempre que lidamos com o que é visível na personalidade.*

Esses princípios são válidos para compreender a *expressão verbal* apenas. Não são para *o que se vê*, mas apenas para *o que se ouve.*

Precisamos vencer a formação – ou deformação – psicanalítica de que sofremos quase todos, quando pretendemos manejar uma câmera em psicoterapia. Para esse manejo os melhores esquemas são encontrados principalmente em Wilhelm Reich.

Reich demonstrou que não há resistência psicológica sem um conjunto de tensões musculares que ao mesmo tempo se opõem ao impulso, consomem energia e *são visíveis* na forma de atitudes corporais e expressões faciais persistentes, ou gestos estereotipados.

Exemplos: olhar desconfiado, tórax orgulhoso, sorriso cético, lábios amargurados, sobrancelhas desdenhosas, voz chorosa ou estridente.

Essas expressões crônicas podem fácil e convincentemente ser mostradas no vídeo, economizando muito tempo de observação, descrição e persuasão.

Ao se ver, as pessoas de regra se surpreendem porque se desconhecem. De outra parte, são precisamente essas expressões crônicas que costumam condicionar a resposta dos familiares ao indivíduo. Criam-se, por meio delas, ciclos de retroalimentação difíceis de perceber e de desfazer, mal-entendidos que podem se eternizar por feedback.

Um marido com expressão de severidade na sobrancelha pode alimentar na esposa uma atitude de submissão ou culpa – que por sua vez reforça a expressão de severidade do marido.

Outra reflexão nos leva à mesma conclusão: os termos *identificação* e *introjeção* (que tomamos como sinônimos), tão necessários na linguagem profissional, têm como correlato necessário o termo *projeção*. *Projetamos o oposto daquilo com que nos identificamos.* Se me identifico com a mãe prepotente, projeto (espero, induzo e vejo nos demais) o pai temeroso.

Projeção e identificação são termos que se referem principalmente à *expressão não verbal das pessoas*, a seus modos de se comportar, de se mover, de sorrir. São termos, dito de outro modo, relativos *ao que se vê* no outro. Modos de menino acanhado, identificação com o pai folgazão, com a mãe superprotetora, com o irmão irônico, com a irmã sedutora, com o professor autoritário.

Se gravarmos cinco minutos de presença materna e depois cinco minutos de presença filial, poderemos apontar no monitor, de forma categórica, a semelhança – a identidade – entre mãe e filha. Em vários momentos podemos notar que ambas se movem, gesticulam e impostam a voz exatamente do mesmo modo. Se as identificações são visíveis, então elas podem ser mostradas na tela.

De outra parte, mostrar esses processos apenas por meio da palavra é moroso, repetitivo, enfadonho e pouco eficiente. Pela rede de palavras o paciente pode se defender interminavelmente. Confrontando a imagem, faz-se bem mais difícil a contestação.

É difícil e importante compreender o seguinte paradoxo: o inconsciente não está "lá", "no fundo", "disfarçado" ou "mascarado" – manifestando-se apenas por sinais indiretos.

O inconsciente está nas atitudes – nos músculos. O inconsciente está por fora. Ele é inconsciente para mim porque eu não me vejo.

Também se pode dizer que muito do inconsciente de cada um se confunde com a expressão não verbal, por meio da qual "dizemos" tudo que as palavras não dizem – ou tentam esconder.

Eu percebo muito mal minha expressão não verbal – mas o outro pode percebê-la muito bem.

O vídeo pode, portanto, mostrar para o indivíduo muito de seu inconsciente.

Precisamente: mostra as maneiras típicas de resistir da pessoa – ou suas identificações principais. Mostra seu comportamento expressivo, comportamento que desata nós demais – com frequência, exatamente as reações de que a pessoa se queixa.

SÉTIMO PRINCÍPIO: INTERPRETAÇÃO NÃO VERBAL

A câmera bem manejada pode mostrar às pessoas todos os elementos de suas expressões não verbais, que elas negam ter (em boa fé), mas que provocam nos outros reações que eles não compreendem nem desejam. Antes, reações que as fazem sofrer e as deixam confusas ou ansiosas. A pessoa pode ter um tom de voz zombeteiro, sentencioso ou ressentido capaz de provocar desagrado nos demais independentemente do conteúdo verbal da comunicação. A gravação de áudio pode denunciar esse tom de voz.

A pessoa pode ter um olhar desconfiado, um jeito de superioridade, uma expressão de enjoo nos lábios, um modo arredio de ombros. Sem saber que tem e negando quando alguém lhe diz que tem.

Para fazer as coisas mais difíceis, existe a inconsciência de todos em relação à própria expressão. Como não conseguimos localizar em nós mesmos os fatores não verbais dos distúrbios na comunicação, não conseguimos localizar no outro aquilo que nos incomoda. Ficamos com a impressão difusa de antipatia ou irritação, mas não conseguimos apontar o elemento específico que nos atinge.

Enquadrar com a câmera ou com o microfone essas particularidades (que correspondem à noção clássica de *traços de caráter*) corresponde a "tornar consciente o inconsciente", a "pontuar" isto ou aquilo, a "isolar" um elemento inconsciente e muitas vezes até a "interpretar" a função e as consequências desses modos de expressão.

Pode-se desse modo fazer uma análise instrumental da pessoa sem dizer uma palavra.

OITAVO PRINCÍPIO: O REIZINHO VAIDOSO

Esse é o princípio segundo o qual se afirma que estamos todos vestidos quando na verdade nos mostramos nus com muita facilidade.

Dizer que não se pode ver o que as pessoas sentem é extensamente mentiroso. Se estamos bem atentos e continuamente atentos, podemos ver através da expressão não verbal muito do que se passa no íntimo da pessoa. O controle social não é contínuo nem muito preciso. Quando "mamãe não está olhando", podemos fazer aquilo que não fazemos quando está.

Em grupo, quando há um protagonista falando ou agindo, os demais participantes, certos de que todas as atenções estão concentradas nele, baixam a guarda e mostram com facilidade expressões nítidas de enfado, condenação, indignação, inveja e crueldade, mas também de admiração, encantamento, ternura e amor.

De sua parte o protagonista, envolvido na ação ou na polêmica, também descura de sua guarda habitual, anima-se e exibe o sorriso de desprezo, o olhar de vitória, o gesto de grandeza, a atitude de desafio.

Se lhe devolvermos pela gravação sua imagem, ele poderá ver seu inconsciente *em ato*.

Segundo o sexto princípio, podemos mostrar para a pessoa suas resistências. O quadro fica completo.

A verdade é que mostramos quase tudo que sentimos. Ninguém vê porque ninguém está interessado em ver. Nem o psicanalista!

Dar-se conta das intenções contraditórias do outro, que diz com as sobrancelhas estar surpreendido, com o muxoxo de lábios demonstra desinteresse, que parece fugir de ombros e achega-se de bacia, nos deixa sempre perplexos. A qual dessas expressões responder? Qual a *verdadeira*? (Não são todas verdadeiras?) Se respondermos a uma ele não fugirá ou atacará com outra?

Note-se bem: *falo de várias expressões simultâneas – e não sucessivas.*

Diante dessas dificuldades compreende-se que Freud não tenha querido ver seu paciente. É muito mais prático fazer de conta que a palavra é o mais importante – ou tentar resolver tudo por meio da palavra. Mas não é o melhor e na certa não é o mais completo.

Os homens convencionaram não se ver. Na verdade, pouco se olham. O mecanismo pelo qual conseguimos *ignorar aquilo que estamos manifestando* é idêntico ao que atua quando não percebemos o que o outro está exprimindo.

NONO PRINCÍPIO: CREPÚSCULO DOS DEUSES

É de extrema utilidade que o terapeuta seja filmado tantas vezes quanto seus pacientes. Logo serão descobertas coisas notáveis: muito do que acontece no grupo e com o grupo será facilmente compreendido em função de um dar de ombros do terapeuta, de um gesto seu que afasta as coisas, de um sorrir constrangido. O terapeuta é tão expressivo como seus pacientes e se conhece – por fora – tão mal como eles.

Só desse modo se consegue fazer que o grupo *não identifique* o terapeuta com a câmera e a ambos com um superego impessoal, implacável, que nunca esquece nada. Pois a câmera é exatamente isso.

DÉCIMO PRINCÍPIO: METAMORFOSE

Nada melhor do que a filmagem para mostrar as mudanças que ocorrem no paciente ao longo de uma entrevista ou de um tratamento.

As pessoas não sabem quão vivas são e quanto podem mudar em uma hora.

As palavras são sempre as mesmas, mas as expressões de rosto e os gestos são sempre diferentes.

Quem percebe que é assim – olhando sua imagem em movimento – sofre de certo fascínio ingênuo, fácil e bonito de se ver.

Deveríamos ser todos muito bem comportados e nos manter em nossa posição. Mas o fato é que somos movimento contínuo – e verificar isso é ao mesmo tempo excitante e assustador.

DÉCIMO PRIMEIRO PRINCÍPIO: CONSCIÊNCIA

A consciência está ligada com a noção de *atenção concentrada ou dirigida*, ou se confunde com ela.

Originalmente, a consciência se confundia *com a direção do olhar*.

Deus é aquele que está presente – que vê – a todas as coisas...

A câmera é uma linha que varre o grupo e vê tudo que há para ver ao longo dessa linha.

A câmera é um símbolo concreto da consciência, é a consciência objetivada – feita objeto, concreto.

A consciência é, com certeza, a direção do perigo. A direção da diferença significativa.

A câmera também.

4 O corpo fala?

> "Seu rosto, meu senhor, é um livro, em que os homens podem ler estranhas matérias."
> *Lady Macbeth, W. Shakespeare, fala da esposa ao marido*

> "Para notícias do coração pergunte ao rosto."
> *Provérbio da Nova Guiné*

Alguns dados fundamentais sobre nosso ignorado aparelho locomotor. Temos cerca de 200 alavancas ósseas, dois terços das quais articuladas, isto é, móveis. Temos aproximadamente 80 milhões de fibras musculares, distribuídas por cerca de 500 músculos, com um potencial total de força de várias toneladas. Para controlar o aparelho, temos 300 mil neurônios alfa ao longo do eixo cérebro-espinhal, capazes de emitir de 1 até 1.000 impulsos por segundo. Quase *dois terços da massa encefálica* têm função motora (o cerebelo tem mais neurônios do que o cérebro) e mais da metade do córtex cerebral está ligada à visão. Nosso sistema nervoso foi feito para *imitar* tudo que vê e para perceber-reagir ao que for, em décimos e até centésimos de segundo.

Ele pode exprimir muito mais do que qualquer discurso conseguiria.

Estranhamente, quase toda a psicologia limitou-se à verbalização, ignorando incompreensivelmente nosso potencial expressivo de posições (estátuas) e movimentos (bailarina).

PRÉ-HISTÓRIA

Se eu não tivesse aprendido a ver – com Wilhelm Reich –, este ensaio não poderia ter sido escrito. Até ele a psicanálise limitava-se a ouvir relatos do paciente – classicamente deitado no divã, fora do campo visual do terapeuta. Este se limitava a ouvi-lo, tentando correlacionar o que ouvia com o momento (transferência) e com a história do paciente a *interpretar* os relatos.

Reich, diante do silêncio persistente de alguns pacientes, começou a observá-los e então descobriu o óbvio: cada paciente fica em silêncio a seu modo, em certa atitude (de corpo), com certas expressões no rosto... Levado pelo seu condicionamento como psicanalista, começou perceber que *cada modo de estar em silêncio podia significar tanto quanto uma declaração verbal* – momento fundamental de mudança de paradigma!

Não sei de comentaristas ou críticos que se dessem conta do significado dessa mudança no foco da atenção do terapeuta.

A diferença essencial entre Freud e Reich pode ser resumida assim: Freud apenas *ouvia* e Reich começou a *olhar* para o paciente (a observá-lo). Ou também: Freud limitava-se a ouvir e interpretar a comunicação verbal, ao passo que Reich passou a ver, a pontuar, a interpretar e até a imitar a comunicação não verbal do paciente – seus modos e expressões faciais.

A diferença é muito maior do que tudo que se possa imaginar, e é disso que cuidarei a seguir.

MINHA EXPERIÊNCIA

Muito do que se segue contraria preconceitos profundamente enraizados na cultura – em quase todas as culturas – e na própria ciência. É o dito popular "Quem vê cara não vê coração".

Afirmo, generalizando achados e análises de Reich, meus e de outros: *quem observa a cara (e o corpo) e ouve a voz está percebendo o coração*, isto é, as intenções, os desejos, os temores, os afetos dos sujeitos. *A entidade interna chamada inconsciente é visível na expressão não verbal das pessoas*. Na linguagem comum, o íntimo está por fora... (Nesse texto, *expressão não verbal* também pode ser chamada de expressão corporal, gestual ou facial).

NÃO NOS CONHECEMOS POR FORA

Essa profunda inversão conceitual, psicológica e social encontra plena explicação no fato de que as pessoas *ignoram quase de todo seu aspecto exterior*, suas muitas expressões faciais, seus gestos e atitudes corporais – seu "jeito".

As pessoas estranham demais sua aparência ao se verem no vídeo. ("Quem é aquele lá? – Esquisito, até se parece comigo...") Isto é, *elas não sabem o que exprimem ou manifestam corporal e facialmente*. Pouco percebem ou sabem de sua couraça muscular do caráter – noção central para Wilhelm Reich. A couraça é todo o esforço (muscular) que a pessoa faz aqui-e-agora para não deixar que apareça o que pretende, o que deseja ou o que sente. Mas – paradoxo! – só consegue disfarçar eficazmente para si mesma – porque não se vê. Porque não vê o que está mostrando e menos ainda que está procurando esconder!

Se, em certos momentos, puséssemos um espelho diante da pessoa, ela no mínimo perderia o jeito...

Os esforços para disfarçar (as repressões) estão ligados a "nãos" tantas vezes ouvidos na infância, "nãos" ditos com a palavra ou com o olhar, cada "não" implicando uma *parada de movimento* – movimento de busca, de curiosidade, de realização. Parada de movimentos – de todo visíveis – e não "inibição inconsciente". A couraça é feita de imobilizações ou de movimentação automática (inconsciente), ligados aos nãos paralisantes ou condenatórios, originalmente ditos pelos adultos próximos. Mais tarde, a "boa educação" é exigida pelos circunstantes, porque todos vigiam a todos para que ninguém faça o que todos gostariam de fazer...

As inibições motoras se integram desde o começo com a postura em desenvolvimento (as posturas são as estruturas biomecânicas que nos mantêm de pé). Por isso, tentar modificar essas atitudes produz sensação de desequilíbrio e imediata reação de retorno à posição anterior. Essa é a essência da resistência (psicanálise) e do conservadorismo social.

Se algo mudar perco o equilíbrio...

EXPERIÊNCIAS PESSOAIS FUNDAMENTAIS

A maior parte das afirmações contidas no texto está fundamentada em duas categorias de experiências pessoais: pesquisas diretas em grupos de estudo e observação clínica.

Em grupos de estudo fazíamos "leitura corporal com auxílio de vídeo". Gravávamos em vídeo um dos companheiros enquanto eu fazia algumas perguntas sobre sua família, seu passado, profissão, inclinações – durante cinco a dez minutos. Depois filmávamos sua marcha e sua postura de frente, nos dois perfis e de costas. Em seguida, gravávamos as duas metades do rosto, direita e esquerda e, enfim, a metade de cima (olhos/fronte) e a de baixo (queixo, lábios e nariz).

Projetávamos depois o vídeo, várias vezes, em velocidade normal, em câmera lenta, câmera rápida, quadro a quadro, congelando a imagem, comentando, dialogando, ouvindo pareceres do grupo, fazendo perguntas ao sujeito.

Em casos felizes conseguíamos – nesses dez minutos de filmagem e nessa hora de exame – reconstruir quase todos os personagens (identificações) e episódios significativos da vida do companheiro! A repetição de gestos, atitudes e faces. A couraça – feita segundo as identificações – tornava-se patente.

Desnecessário dizer que essa técnica não existia no tempo de Reich e quanto ela é perfeita para mostrar "objetivamente" tudo que ele descrevia em seus casos clínicos. Com a vantagem fundamental de poder *repetir a "realidade" fugaz de um movimento, de uma expressão*, quantas vezes quisermos, em câmera lenta, podendo assim evidenciar o que havíamos visto ou o que pretenderíamos focalizar.

É estranho que esse recurso, tão objetivo e hoje tão disponível, seja tão pouco usado em escolas de psicologia. Creio que as pessoas não querem se ver, e que olhar ou ser olhado atentamente (ser "encarado") é muito comprometedor. Por que será tão comprometedor se quem vê cara não vê coração? O que tememos que o outro veja, então?

Vamos rir um pouco? Considere então o elevador, com várias pessoas na cabine, desviando o olhar umas das outras das maneiras mais engraçadas e ridículas – todas fazendo o possível para parecer "naturais"!

Relatos de pessoas amigas que viveram algum tempo na Inglaterra: naquele país, olhar diretamente nos olhos de alguém é "invasão de privacidade". Que outro significado pode ter essa proibição além do mais óbvio? Quem olha vê, é claro. Vê muito mais do que o preconceito popular acredita ou admite que seja possível ver...

Além dessas pesquisas realizadas durante mais de quatrocentas horas, conto com muitos milhares de horas a mais de observação clínica atenta – face a face com os clientes. Tenho meio século de consultório de psicoterapia, com seis a oito horas de atendimento por dia. De 1955 a 1970 (aproximadamente) li Reich extensa, atenta e muitas vezes ansiosamente. Precisava de suas luzes no cotidiano! Dadas as suas noções de couraça muscular e de transferência negativa latente, apurei acentuadamente minha capacidade de observar faces e gestos, assim como de ouvir tons de voz (e não apenas as palavras).

Preciso repetir: o que se segue contraria frontalmente quase tudo que aprendemos desde muito cedo e que nos é repetido constantemente – e logo saberemos por quê. Ouvimos que é possível esconder ou disfarçar qualquer espécie de emoção, temor, raiva, desejo, inveja e mais. Será mesmo? A psicologia e as noções populares universalizaram o engano, ao dar a entender e ao repetir que a "vida íntima" é pessoal e de algum modo "sagrada", contém segredos dos quais só eu sei... Por isso somos e seremos para sempre essencialmente solitários – prisioneiros de nós mesmos... Ouvimos também que não podemos acreditar em nossas "intuições" e impressões quando em diálogo com o outro. A ciência, por sua vez, na impossibilidade de fazer estatísticas e estabelecer padrões nessa área, também confirma essas dúvidas – e ignora a linguagem do corpo. E conclui: ela não é passível de conhecimento científico!

Voltaremos a todas essas afirmações reiteradamente.

AFINAL: O CORPO FALA OU NÃO FALA?

Falar – falar palavras – o corpo obviamente não fala.

Ele é um "infante", termo que significa precisamente "que não fala". A mesma raiz etimológica deu origem, também, ao termo infantaria (e afônico). Os "de baixo" não têm direito de falar: as crianças, os infantes, os silenciados – os afônicos...

Falar o corpo não fala, mas é claro que ele se exprime. Ele sinaliza intenções, mostra emoções, assume atitudes, faz mil gestos, mil movimentos e mil caras.

Não faria nada disso se não tivesse alguma função.

Estou me referindo à linguagem corporal, a mais primitiva forma de comunicação entre os animais. Portanto, se for verdade o que dizem os psicanalistas – "quanto mais antigo mais profundo" –, então a linguagem corporal é o mais profundo dos nossos meios de comunicação, tanto entre os seres humanos como entre os animais.

Na certa, é o fundamento e o complemento da comunicação-verbal.

As vantagens da linguagem corporal: além de ser evidente (isto é, visível) ela é, por isso mesmo, *muito veloz*, tanto na sinalização como na mudança dos sinais. Rostos humanos podem mudar de expressão em fração de segundo. Na verdade, em um décimo de segundo, ou menos – como já foi medido. Insistindo: nenhuma palavra poderia ser dita em um décimo de segundo, e a palavra só funcionaria se fosse uma exclamação – um grito – não uma palavra.

AS PECULIARIDADES EXPRESSIVAS DO TOM DA VOZ

O tom da voz faz parte da comunicação não verbal, sendo, ao mesmo tempo, o próprio corpo das palavras – que são exatamente isto: sons articulados. A palavra exige que o som seja articulado (é sua essência), mas não obriga o som a ser grave ou agudo, intenso ou suave, vibrante ou surdo, curto ou longo. Posso cantarolar sem palavras, como posso dizer as mesmas palavras com músicas vocais bem distintas. Ou sem música nenhuma – como os robôs! Enfim, a fala é sempre acompanhada de mil encenações corporais, expansivas ou restritivas...

E o principal: *a palavra é a própria mensageira da inteligência, enquanto o tom de voz é o mensageiro da emoção – do "coração"*. As palavras e o tom dizem tudo que temos no peito, todas as nossas emoções e sentimentos.

Estranho paradoxo: o homem freudiano não tem tórax, isto é, não respira nem tem emoções. Nem sei como ele consegue falar...

POR QUE, ENTÃO, O DITO POPULAR?

Se o corpo exprime tanto, tão clara e rapidamente, por que se tornou popular a convenção "quem vê cara não vê coração"? Por que, muito mais e muito pior, *as ciências sociais e a psicologia ignoram (ou negam) tão sistematicamente a linguagem corporal*? Pouco li até hoje sobre a influência do olhar nos relacionamentos humanos e, em dezenas de escolas de psicologia espalhadas por todo o Brasil, nas quais fiz palestras, nunca ouvi da existência de uma *aula sobre a importância do olhar nas relações interpessoais.*

Tem cabimento? Alguém me explica?

Dando ênfase ao que é óbvio: *é o olhar* que capta a maior parte da comunicação não verbal do interlocutor, constituída de faces, vozes, gestos e posições corporais.

> Portanto, negar o olhar é negar o que ele vê – é negar ou subestimar as manifestações corporais que acompanham as palavras. Negar o olhar é mutilar a comunicação ao excluir a individualidade do momento e da pessoa.

Esse fato, bem ponderado, é deveras espantoso, e terei de dar muitas voltas por muitas áreas a fim de tornar claro este paradoxo: por que o mais evidente (evidente = visível) nos relacionamentos humanos é tão sistematicamente omitido, ignorado ou ostensivamente negado? No campo jurídico, caras, gestos e tons de voz não são aceitos como prova. No tribunal, "cara de assassino" ou "cara de ódio" nada significam...

CEGUEIRA DIANTE DA EVIDÊNCIA

A palavra "evidência" é tão central e figura tantas vezes nos textos científicos que a maior parte das pessoas não se dá conta de que "evidência" significa "visível" e de que "evidente" quer dizer "que pode ser visto"!

Nem se dão conta da flagrante contradição em que incorrem: negamos o olhar e depois atribuímos a ele – principalmente a ele – a capacidade de "decidir" se um fato ou objeto é real ou não! E muitos ainda dizem que evitar a contradição é a essência do pensamento rigoroso...

Vamos começar a desvendar o mistério.

"É CRIME CRITICAR SUA MAJESTADE"

Essa frase é um decreto do ano 221 a.C., promulgado pelo primeiro imperador da China, Chi Huang-Ti.

Ele foi o primeiro tirano da China, psicótico como todos os demais tiranos, convicto de que sua onipotência era real (!) devido ao poder que lhe era outorgado pelos cortesãos – principais beneficiários de seu poder –, pela reverência, pela obediência e pelo falso servilismo da "corte". E pelo medo de todos os demais.

É fácil, depois desse decreto modelar e de todo explícito, compreender por que Suas Majestades são todas perfeitas.

O que cabe a nós, simples mortais, é o temor reverencial e todo o cuidado *em jamais dizer o que estamos vendo* na Autoridade. A primeira Autoridade foi Chi Huang-Ti, depois o Faraó, o Rei, Hitler, Stálin, Bush, Saddam, o Papa, o Capitalista, o Banqueiro, o General, o Industrial, o Patrão, o Professor Universitário, o Padre, o Juiz.

E, no fim e no começo da lista, a Mãe – que nunca erra – e o Pai – que sempre sabe como se faz.

Do personagem social, falando em particular com amigos, podemos dizer o que quisermos, mas, *diante do indivíduo concreto* no qual o personagem está encarnado, jamais. Ninguém ousaria dizer a João de Deus que ele já está velho demais, nem a Bin Laden que ele tem cara de psicopata (pela imobilidade e pelo sorriso cínico e cruel) ou a Bush de sua atitude teatral e sua cara de quem está preocupado em salvar o planeta.

Será que o corpo não fala ou será que a ninguém é permitido falar sobre o que o corpo mostra?

A VERSÃO INFANTIL DO IMPERADOR

"O Rei está nu" é a frase que se ouve aqui e ali e cuja origem é mal conhecida pela maioria. Certo reizito era por demais vaidoso. Ao ouvir de dois espertalhões que seriam capazes de produzir um tecido e fazer um traje mágico de indizível beleza, empenhou 90% do Tesouro Nacional no pagamento da raridade. O poder mágico do tecido consistia nisto: só as pessoas de extremado bom gosto conseguiam vê-lo. Teares vazios, afã de costurar o inexistente, medidas inúteis e, ao final da história, o rei desfilou nu na rua – e todos se maravilhavam frente a tanta beleza. Até que uma criança – sempre elas! – gritou na multidão: "O rei está nu!" A história não diz o que aconteceu depois – nem com a criança...

É crime criticar Sua Majestade, ouviu?

AUTORIDADE DA COLETIVIDADE

Mas não bastava a perfeição de Sua Majestade (mais a ameaça de tortura) para silenciar a oposição, para silenciar as críticas a Sua Majestade, para impedir que qualquer um descrevesse a Sua Alteza suas caras e suas atitudes! Seria como rir do bigodinho de Hitler, por exemplo. Ou de seus gestos de polichinelo frenético ao discursar. Na frente dele!

Era preciso que ao medo de todos fosse somada a fala de todos. Em forma modelar, Howard Bloom resumiu o assunto em uma frase: "A realidade de cada lugar e de cada época é uma alucinação coletiva"[1]. Todos são obrigados a ver as mesmas coisas – a dizer que estão vendo as mesmas coisas. Se alguém disser estar vendo algo que ninguém mais diz estar vendo, ou é um louco ou um herege...

Depois de crucificá-lo, adoram-no.

HARMONIA CÓSMICA

Se todos estão vendo as mesmas coisas – ou dizendo que estão vendo –, e se todos dizem que essas coisas sempre foram assim, então existimos em um maravilhoso mundo newtoniano onde tudo se repete. Sendo tudo sempre igual, sempre saberemos o que, quando e como vai acontecer. Ficam excluídas desse modo quaisquer novidades, surpresas ou inesperados – inclusive o World Trade Center.

Segurança.

Máxima – todos prisioneiros do passado e condenados a repeti-lo pelos séculos dos séculos.

---

1. *Global brain: the evolution of mass mind from the big bang to the 21st century.* Nova York: Wiley, 2000.

A versão erudita diz mais simplesmente: a sociedade é tenazmente conservadora. Mamãe ensina o que é certo e o que é errado (*a ver* – a distinguir – o que é certo do que é errado). A religião diz o que é virtude e o que é pecado (a ver o que...). A lei diz o que é crime e o que é lícito. O capitalismo diz que se dá lucro está certo – e assim por diante. As majestades, pois, são várias: a Coletividade, a Família, a Escola (o Professor e o Programa), nossas Sagradas Tradições Sociais e Religiosas, o Patrão, o Trabalho (a sobrevivência), sobretudo a Família.

Em suma, todas as falas dos papéis/danças coletivos – toda a liturgia social.

Tudo nos conformes.

Nem sempre se assinala que *a liturgia social exige certas atitudes, caras e tons de voz e exclui muitas outras*. A dança social é rigidamente controlada, mais ainda do que o balé clássico, e se alguém errar a encenação – errar a posição, o passo, o gesto ou a cara – será duramente criticado, ridicularizado – ou despedido!

Quem não conhece o "jeito de mãe", o "jeito de padre", o "jeito de malandro", de "machão", de "médico", de "autoridade" etc. etc. etc... Se você não tem o jeito – se você ri com facilidade, por exemplo –, muitos não acreditarão em sua competência.

FORÇA E SEGURANÇA

A liturgia social – a uniformidade no desempenho teatral dos papéis sociais – existe para alimentar ao mesmo tempo a ilusão de segurança e a ilusão de força. Se todos fazemos igual – a mesma dança e a mesma cantoria –, então cada um sente em si a força de todos. Somos poderosos e nada poderá nos vencer! Estaremos seguros (em segurança) e seguros (presos)!

Mas os indivíduos são... evidentemente (visivelmente!) diferentes uns dos outros, nas expressões, nos gestos, nos olhares, nos tons de voz. Peçamos a cinco pessoas que digam *a mesma frase* o obteremos cinco músicas/gestos/faces diferentes, e cada uma delas, mesmo dizendo as mesmas palavras, estará comunicando cinco *significados diferentes*!

Estou procurando mostrar, insistentemente, que falar não é apenas emitir sons articulados, mas também se pôr, colocar-se, assumir atitudes, fazer gestos, caras. Ainda e também: conforme a postura e/ou a posição do corpo, assim será o som da voz, e esse som pode ser mais importante do que o significado das palavras. Exemplos: ordem de comando ou de ameaça – ou até palavra de amor...

O não verbal mostra a individualidade: ninguém gesticula, faz caras, nem tem o som e a música da voz parecidas com as de mais ninguém. Mas essa individualidade é negada pela coletividade (liturgia social compulsória). A solução – absurda! – foi a negação do visual: vamos todos fazer de conta que estamos vendo as mesmas caras, os mesmos gestos...

O COMEÇO

Como é o começo? Foi constatado: o neonato "dança" – faz vários pequenos movimentos em várias partes do corpo – ao som das palavras que lhe chegam aos ouvidos (associação palavras/movimentos do corpo). Depois, durante dois, quatro ou cinco anos, as palavras estão, em sua maioria, ligadas a intenções, a desejos de, *a movimentos* "na direção de", sejam movimentos apenas dos olhos, sejam os das mãos ou do corpo todo. O retorno é igualmente importante e a maior parte das vezes é "não"! E o gesto, o movimento, se detém – ou se transforma em atitude crônica de contenção.

Assim é gerada a couraça muscular do caráter.

Ao mesmo tempo, vamos "vestindo", *por imitação*, as tais atitudes e caras de personagens sociais, começando com mamãe e papai. São o traje invisível do reizito vaidoso.

COMENTÁRIOS ADICIONAIS

Os estudiosos da expressão corporal durante o diálogo – com gravações em vídeo – criaram o termo "microexpressões" (prefiro "microdicas"). Eles se referem a vários movimentos pequenos e rápidos que pessoas em diálogo fazem, movimentos sincronizados com o som ou os gestos da fala do outro (parecidos com os dos recém-nascidos).

O diálogo não é apenas nem principalmente uma "troca de ideias" (de palavras). O bom do diálogo é ser uma dança, e os tons de voz fazerem a música!

É tanto sincronismo – quando estão ambos interessados no tema e interessados um no outro – que se ligarmos os dois interlocutores a encefalógrafos as ondas cerebrais entram em sincronia!

Esse sincronismo pode explicar "empatias" (não sei por que deixamos de usar "simpatia", termo mais apropriado = "sentir junto"); ou a compreender antipatias "espontâneas". Pode explicar também a emergência de *intuições* – de outro modo inexplicáveis.

POR QUE AS "MICRODICAS"?

Um dos enigmas da leitura corporal com auxílio do vídeo são as microdicas, cuja duração pode ser de um décimo de segundo ou menos. Difícil acreditar que elas sejam percebidas pelos interlocutores! Então por que existem? Qual sua função?

ATAQUE/FUGA

Depois que os seres vivos aprenderam a se alimentar uns dos outros, é vital que estejam sempre alertas, pois o encontro vital ou mortal foi se refinando a níveis inimagináveis.

Acredito que essa situação de "ou come ou morre" foi uma das mais poderosas forças modelantes da maior parte das funções neuromotoras.

Assisti a um vídeo sobre a caçada da vida, no Discovery Channel, em que os movimentos de ataque ou fuga eram cronometrados e mostravam-se espantosamente rápidos: centésimos e até milésimos de segundo! Eram estudados vários pares de predadores/presas, insetos, peixes e aves. Quando os predadores são grandes carnívoros, é possível acompanhar com os olhos as várias fases da caçada, mas mesmo então o momento de contato é sempre fulminante – ultrarrápido. Ou falha!

Será que esses fatos não explicam as microdicas? Será que nossa negação das expressões não verbais não faz parte da repressão socialmente compulsória e de certo modo universal da agressividade?

O melhor negócio do mundo é pesquisa, produção, venda e contrabando de armas! No século XX ocorreram mais de cem conflitos armados. Nos países em desenvolvimento – é bem sabido –, um dos maiores problemas é a violência. O regime capitalista estimula em todos a ambição – o desejo de ter e de aparecer, o que torna todos concorrentes de todos, todos com medo de ficar no primeiro degrau da pirâmide...

Será que no cotidiano nada disso existe? Rivalidade, competição, autoafirmação, autodefesa, agressão indireta (verbal!), ironia, pouco-caso, inveja, desprezo, despeito, ressentimento, medo e quanto mais!

Será que nada aparece? Ou fizemos um acordo de cavalheiros para manter tudo isso em silêncio – fingindo que nada disso existe, nunca dizendo *o que estamos vendo no rosto ou na atitude do outro*?

RESTRIÇÕES EXISTENTES À LEITURA CORPORAL PROPOSTA

Tanto em psicologia quanto na vida cotidiana, as afirmações feitas neste texto são postas seriamente em dúvida e vou analisar algumas objeções.

Começo com as científicas. A ciência é estatística e, se da quantificação de um conjunto de dados tidos como semelhantes entre si nenhum "padrão" pode ser isolado ou descrito, aqueles dados não podem ser considerados científicos. Hoje há estudos sobre as expressões do rosto com alguns resultados estatísticos, mas, na verdade, eles não me interessam como clínico – nem como pessoa.

Como tudo que é estatístico, neles a individualidade desaparece – por definição!

Mas ao clínico, ao psicólogo e *a qualquer um de nós no cotidiano*, o que interessa é o indivíduo à minha frente, meu interlocutor – ou meu freguês –, não a estatística...

Poucas realidades psicológicas são tão individualizadas e tão individualizantes quanto a comunicação não verbal!

Recordo: a "mesma" frase dita por cinco pessoas diferentes comunica cinco significados diversos. Bem compreendido esse fato, ele compromete seriamente a própria noção de palavra. Segundo a linguística, é essencial à definição da palavra a *constância de significado*. Segundo o dicionário, *a mesma palavra designa sempre a mesma coisa para todos.*

A análise da comunicação não verbal prova que essas duas exigências podem ser seriamente contestadas. Podemos, no extremo, afirmar: *a palavra tem um número indeterminado de significados.* O significado depende e varia conforme o contexto no qual a palavra é dita, conforme o tom da voz, conforme a cara, o interlocutor, o momento, o lugar, o tema...

A RECIPROCIDADE INEVITÁVEL

Volto ao tema da leitura corporal para examiná-lo de outro ângulo. Em grupo – como fazíamos –, cada companheiro era visto por vários colegas, cada um percebendo o sujeito de sua ótica pessoal, o que enriquecia demais o estudo. Porque ninguém vê *tudo* de ninguém – e muito menos *de uma só vez.*

Ou dito de outro modo: a cada momento ou a cada situação, as pessoas mostram com maior nitidez uma ou outra de suas identificações, de seus desejos e de seus "disfarces".

Essa variedade de expressões está ligada à relação entre a pessoa que está sendo vista e a que está vendo.

Reich, levado pelo autoritarismo da psicanálise, da ciência da época, omitiu a volta! Quero dizer: se é verdade que o paciente mostra muito de si nos seus gestos e faces, é igualmente verdade que o terapeuta (o observador) também está à mostra – pode ser visto, eventualmente "analisado" ou interpretado.

Este o dilema: *em relação ao não verbal, não há observador e observado. Os dois são uma coisa e outra.*

A visão é inerentemente recíproca. Quase comicamente: um vê o outro que vê o um... Pior ainda: o que o observador observa (sigamos a linguagem estabelecida) está inexoravelmente ligado ao que o sujeito está vendo nele!

"O outro é meu espelho" se diz hoje. Na verdade, o outro é meu papel complementar.

Esse é o nó da questão. É o dogma científico de que o cientista tem de ser acima de tudo "objetivo"! Bem examinadas a palavra e a situação, podemos reformulá-las: o cientista tem de ser impessoal (ou despersonalizado?), tem de deixar de ser ele mesmo, não pode ter passado, nem desejos, nem pontos de vista. No limite, deve estar fora da situação em exame.

Como se faz isso?

Consequência: *impossível estudar comunicação não verbal sem reconhecer que o experimentador faz parte – e codetermina – o resultado da experiência.*

Tivemos de desmontar o átomo para chegar à mesma conclusão (Princípio de Incerteza de Heisenberg)!

Reformulando e concluindo o que dissemos até aqui: mostramos todo o nosso íntimo o tempo todo, mas aspectos especiais se tornam mais evidentes – ou se avivam – para certas pessoas em certas circunstâncias, em certos ambientes.

Esquematicamente: se me vejo ante alguém que percebo como ameaçador, exaltam-se em mim (tornam-se mais aparentes) minhas atitudes de medo, fico mais cauteloso e desconfiado. Se percebo alguém como acolhedor, desfazem-se em mim as atitudes de prevenção, me desarmo, me "entrego". Se o outro se mostra *para mim* como enigmático, fico na expectativa, observando-o atenta e disfarçadamente!

Mas tanto o observador quanto o observado – é preciso acentuar – mostram habitualmente um aglomerado de atitudes/intenções simultâneas, o que pode tornar a "leitura" difícil.

À objeção de que nada disso é científico ou demonstrável, respondo:

- Primeiro: certo ou errado, bem ou mal, estamos fazendo isso o tempo todo – e não podemos fazer de outro modo! Sempre avaliamos o outro pelas suas expressões não verbais.

- Seria muito bom se nas escolas de psicologia, de comunicação e de pedagogia começássemos a usar o vídeo para que as pessoas passassem a conhecer melhor seu aspecto exterior.
- Aquilo que a pessoa menos conhece de si (seu rosto/corpo) é o que os outros estão vendo nela o tempo todo.
- O que ela ignora de si é seu principal instrumento de comunicação e influência. É o que mais a liga – ou separa – dos demais.
- Tais estudos poderiam, na certa, contribuir para um melhor entendimento entre as pessoas. Em particular, para favorecer o entendimento entre participantes de equipes de trabalho e para o ensino da psicoterapia.

APRENDIZADO FÁCIL

Em grupos de enfermeiras às quais esses fatos eram demonstrados, notou-se que, após as aulas, elas se mostravam excepcionalmente capazes de perceber rapidamente as expressões umas das outras. Dado o pequeno número de aulas, os experimentadores ficaram confusos com os resultados.

Posso compreender perfeitamente o que aconteceu – inclusive porque o mesmo aconteceu nos meus grupos de estudo. *As pessoas sempre souberam ler a expressão não verbal. É um conhecimento deveras pré-verbal, instintivo, primário.* É ver/compreender. Nossa educação nos faz descrer desse conhecimento ("É proibido criticar sua majestade..."). Quando, em grupos de estudo, uma "autoridade" afirma e mostra que essa leitura é natural e evidente, em todos se reanima o que já sabiam – mas era proibido acreditar... Nesse caso, o "professor" (autoridade) não ensinou. *Ele autorizou os alunos a ver o que já estavam vendo.* Anulou o decreto...

O CORPO FALA?

Espero que esteja claro, a esta altura, que o corpo fala e, ao mesmo tempo, que nós estamos impedidos de ver o que ele vive dizendo – ou mostrando.

Ouvi-lo é envolver-se, ação tida como extremamente perigosa. Tanto que em quase todas as escolas de psicoterapia do mundo se diz ao terapeuta: "Não se envolva". Ninguém diz, porém, como se faz para não se envolver, e pouco se diz do que significa e de como acontece o envolvimento.

Envolver-se é ligar-se bi-individualmente no aqui-e-agora (passe o neologismo), e isso compromete todos os valores estabelecidos de distância formal, social, preconceituosa – ameaça fazer ruir toda a pirâmide de poder. Ou seja, compromete toda a estrutura social, mantida por força da imitação – corporal! – entre todos aqueles da mesma classe, profissão, bairro, cidade, até país.

Enquanto envolvido, não pertenço a nenhuma categoria estabelecida ou conhecida. Somos dois anônimos vivendo o indizível...

Claro, também, que o segredo manifesto do corpo que fala – e até grita – é a mais perigosa arma contra o autoritarismo de toda a organização social baseada na *uniformidade do desempenho dos papéis sociais*. Minhas expressões corporais me retiram da massa – me mostram como único –, quer eu queira quer não, quer eu saiba disso quer eu negue.

Se nunca posso criticar Sua Majestade conclui-se, em boa lógica e baseados em extensas pesquisas de opinião (isso é uma ironia!), que todas as Suas Majestades são perfeitas. Perfeito é o que não tem defeito, não é? Saravá!

Mas a perfeição não é só de sua Majestade. É também de todo o Sistema de Nossos Sagrados Valores Tradicionais e de toda a liturgia social, feita muito mais para esconder o que é feio do que para realizar o que seria bom.

Guiados por tão excelsas autoridades, não vivemos no mais maravilhoso dos mundos possíveis? Para que começar a ver que não é nada disso?

OS CAMINHOS NEM TÃO SECRETOS DA COOPERAÇÃO HUMANA

O texto seguinte mostra o papel dos olhares na organização dos movimentos das pessoas na cidade.

> Sob a aparente desordem da cidade antiga, sempre que ela funcionava a contento havia uma ordem maravilhosa mantendo a segurança nas ruas e a liberdade da cidade. Era uma ordem complexa. Sua essência era a intimidade no uso das calçadas, trazendo consigo a constante sucessão de olhares. Essa ordem era toda composta de movimento e mudança e, embora fosse vida, e não arte, podíamos denominá-la forma de arte da cidade – e compará-la com a dança. Não a dança simplória – de uniformidade –, com todos levantando a perna ao mesmo tempo, girando em uníssono e inclinando-se em massa, mas sim a um intrincado balé no qual todos os indivíduos e grupos de dançarinos tinham papéis distintos que miraculosamente determinam uns aos outros, compondo um todo ordenado.[2]

---

2. Jacobs, Jane. *The death and life of great American cities*. Nova York: Vintage, 1961. *Apud* Johnson, Steven. *Emergence: the connected lives of ants, brains, cities, and software*. Nova York: Scribner, 2001, p. 5 (tradução minha). Ambos os livros têm edições em português: *Morte e vida de grandes cidades*. Trad. Carlos S. Mendes Rosa. São Paulo: Martins Fontes, 2000; *Emergência – A dinâmica de rede em formigas, cérebros, cidades e softwares*. Trad. Maria Carmelita Páduas Dias. Rio de Janeiro: Jorge Zahar, 2003.

HARMONIA PREESTABELECIDA

> Um estudante de graduação, sob a orientação de Edward T. Hall, escondido em um carro abandonado, filmou crianças brincando no pátio de uma escola na hora do lanche. Gritando, rindo, correndo e pulando, cada uma parecia estar fazendo o que queria. Mas uma análise cuidadosa revelou que o bando se movia a um mesmo ritmo. Uma menina, mais ativa do que os demais, percorria todo o pátio da escola em suas andanças. Hall e seu estudante perceberam que a garotinha, sem querer, era a "diretora" ou a "orquestradora" do grupo. Sensíveis ao movimento e à música, os investigadores encontraram uma música que se adaptava à cadência implícita na correria aparentemente desordenada. Quando projetavam o filme com a música, tudo se passava como se cada garoto estivesse dançando exatamente como a melodia propunha – ou exigia. Mas não havia música nenhuma no pátio!
>
> Concluiu Hall: "Sem perceber estavam todos se movendo a um ritmo surgido espontaneamente entre eles... uma corrente inconsciente de movimentos sincronizados unia o grupo".[3]

Por que todos combinam seus movimentos sem querer e sem saber? Porque se todos combinarem a dança será uma só e nos sentiremos unidos, fortes e seguros.

A dança ritmada foi, desde tempos imemoriais, o modo de evidenciar a unidade do grupo e levar a todos a consciência de nossa solidariedade.

CONCLUINDO

Essas duas citações e os muitos fatos lembrados que nos permitem compreendê-las nos levam a uma conclusão animadora: o

3. Bloom, Howard, *op cit.*, p. 76 (tradução minha).

"cérebro global" – do qual cada um de nós é um neurônio – está em formação contínua desde os primórdios da vida. Ele não é apenas intelectual, é também emocional, afetivo e motor, dançante e cantante!

Mas para unir-se a esse cérebro é preciso abrir os olhos, começar a ver o semelhante, que sem perceber se mostra. E a perceber que – sem perceber! – eu também estou me mostrando.

Nosso íntimo é visível. Não corresponde a dizer "a Luz está se fazendo"?

Discutindo a relação 5

CONTATO LIMITADO

As pessoas não sabem fazer nem receber carícias, têm pouca sensibilidade cutânea e escassa consciência da qualidade de seus movimentos – como se pode perceber nos abraços, mesmo os sociais.

Em suma: têm pouco contato ou contatos muito limitados. Contatos espontâneos e variados só podem ser mantidos em situações socialmente bem definidas – quando se "fica" com alguém, cumprimenta parentes, namora, noiva, casa. Senão, a "suspeita" é que pode "acabar na cama", o que é dito sempre com muito má cara e costuma fazer que os envolvidos se imobilizem ou separem. Mal se considera a possibilidade do gosto pelo simples contato, como expressão espontânea de afeto, gosto em olhar e tocar alguém que se aprecia, admira, gosta.

Desde criança, contatos prazenteiros consigo mesmo ou com o outro são vigiados, controlados, até punidos – sempre que não se conformem com as regras estabelecidas. A masturbação – limite do contato consigo mesmo –, apesar das falas libertárias, continua um tabu, um constrangimento.

Hoje, a queixa mais comum das pessoas é a dificuldade de se relacionar com outras pessoas.

Sem alguma intimidade corporal, sem sensibilidade ao contato e ao movimento, sem percepção da comunicação não verbal, é difícil ou impossível um bom relacionamento pessoal.

COURAÇA MUSCULAR DO CARÁTER (O INCONSCIENTE É O CORPO)

Mais explicitamente: o inconsciente pode *ser visto* continuamente na expressão não verbal. Até Reich, a psicologia toda (inclusive Freud) ignorava tudo que se referia a movimentos expressivos, postura, atitudes, faces, gestos, tons de voz – a linguagem do corpo. Dava-se atenção prioritária – na verdade, atenção exclusiva – à comunicação verbal.

A famosa "escuta analítica".

A motricidade era omitida ou negada sistematicamente e poucos se davam conta de que "exprimir" ("expressão" – termo tão usado) quer dizer, nove vezes em dez, fazer movimentos corporais, gestos, faces, olhares e mais – de regra muitos e variados.

O mesmo se diga sobre a "comunicação".

Reich mostrou, também, que expressão significa "impedir movimentos" ("desejos") e que o somatório de todas as proibições sofridas na infância – todos os "nãos" pedagógicos – foi limitando parcialmente os movimentos corporais; e esses limites permanecem, integrados à postura.

Permanecem no corpo e não no "inconsciente"!

Essas contenções, iniciadas na família, continuam proibidas socialmente, na forma de nossos "princípios morais" – e todos vigiam a todos para que ninguém faça de outro modo...

Desses dois modos – fazendo parte da postura e sendo socialmente exigidas – as contenções musculares ("repressões") permanecem no corpo pela vida toda como o "jeito" da pessoa, suas atitudes, seu modo de andar, suas expressões faciais, seus gestos, seu tom de voz.

Permanecem como contenções corporais (rigidez) ou como gestos *repetitivos, sempre iguais*, alimentando pensamentos e modelando sentimentos, eles também sempre os mesmos (conservadorismo, transferência, resistência).

INCONSCIÊNCIA CORPORAL

Essa dupla influência – contato proibido e inconsciência quanto a nossos movimentos – faz que o homem moderno (o antigo também) perceba pouco seu corpo e mal se entenda com ele, tenha pouca ou nenhuma consciência de sua aparência, de seu "jeito".

Por isso, ele não percebe a influência que exerce mediante sua aparência, as caras que faz (são muitas), seus gestos, atitudes, tons de voz.

De outra parte, a maioria dos desentendimentos entre as pessoas provém dessas expressões que a pessoa não percebe – nem acredita – estar fazendo!

Todas as técnicas corporais pretendem "ressuscitar" o corpo – e o contato. Aos poucos estamos percebendo que somente com o contato de corpo e pele e com movimentos podemos cultivar a intimidade e o amor.

Aliás e desde já: carícias (pele, tato) e movimentos estão indissoluvelmente ligados – como parece óbvio.

Enfim, contato e carícias são proibidos *a fim de impedir* que as pessoas percebam as próprias amarras, porque estrutura social e estrutura de caráter são homólogas. Alterar uma é alterar a outra.

Essa é a raiz que vem alimentando todas as técnicas corporais, e uma das marcas do tempo presente é a reconquista do direito a ter um corpo.

Recordar que no Oriente o corpo não sofreu essa negação, e lá se acredita que respirando e movendo-se (ioga, tai-chi, danças sagradas, artes marciais) pode-se aperfeiçoar o espírito!

ANSIEDADE DE PRAZER

Gestos não rotineiros (não permitidos, não experimentados) produzem sensações e prazeres novos (que haviam sido proibidos), despertando ansiedade – a "ansiedade de prazer" (o maior achado de Reich).

Notar a originalidade da concepção: de regra acredita-se que a ansiedade é despertada por situações difíceis, ameaçadoras, perigosas. A noção reichiana se faz por isso pouco compreensível para a psicologia e também para as pessoas.

CONSCIÊNCIA CORPORAL

CONSCIÊNCIA CORPORAL SIGNIFICA CONSCIÊNCIA DA PELE (toda) E DOS MOVIMENTOS (da maior parte deles).

A pele é o limite claro e indiscutível que separa o "de fora" e o "de dentro", o exterior e o "íntimo". Pode-se considerá-la a fronteira do famoso ego.

Se não me toca, não me toca... (duplo sentido da palavra tocar).

Os movimentos são a raiz das escolhas, das decisões – da realização dos desejos ou da repressão deles. Do que eu faço "por querer" e do que eu faço "sem querer" ou "sem perceber" (inconscientemente, automaticamente).

Intenção significa "em tensão!" e contenção quer dizer... com tensão! Pretensão...

APRECIAÇÃO CRÍTICA DOS PRINCÍPIOS DAS PSICOTERAPIAS DO SÉCULO PASSADO

1. A "culpa" é do próprio paciente – do seu "inconsciente" ou de sua família, em particular a mãe ou o pai. Não se declara que os costumes familiares continuam os mesmos e nega-se com veemência que a família seja a origem das neuroses.

2. É preciso sofrer de novo o que já se sofreu antes, a fim de se reorientar, de perceber que na infância era uma coisa e agora – para o adulto – é diferente... Essas terapias ignoravam que todos vigiam todos para que as sagradas tradições continuem vivas – ou matando. Isto é, na infância eram papai e mamãe. Agora são todos, principalmente os vizinhos, os familiares, os colegas.

3. Mesmo nas técnicas corporais predomina o uso de esforços violentos, pressões fortes, estimulação para gritos, vômitos, impropérios... "Ponha para fora!" Ultimamente, a filha de Reich, eu e outros autores estamos propondo uma "bioenergética suave", como estou especificando... Esquematicamente: o paciente nos procura porque foi maltratado. Só melhorará se for bem tratado!

4. Se, incapaz de manter a famosa e confusa "atitude neutra", o terapeuta se envolver com o(a) paciente, "deve" enviá-lo(a) a outro terapeuta ou "deve" buscar seus motivos pessoais para esse envolvimento, apelando para seu próprio terapeuta... Consequência óbvia: só posso cuidar de quem não me interessa.

5. Jamais se discute nas escolas onde se formam terapeutas o que fazer com o tédio diante de certos pacientes particularmente limitados que se repetem infindavelmente.

6. Ao discutir "técnicas" jamais se considera o seguinte: um terapeuta muito procurado goza de uma liberdade que um

terapeuta com poucos pacientes jamais poderá ter. Honorários pagos são tão importantes (sobrevivência e status) quanto teorias e técnicas (Marx)!

MOTRICIDADE: A CINDERELA DA PSICOLOGIA

Sumário: descrever e ilustrar os neurônios e circuitos motores, sua extensão, conexões, números. Cerebelo: mais neurônios do que o cérebro; dois terços de todos os neurônios são motores. Cem bilhões ao nascer, trezentos mil unidades motoras, dez graus de contração.

Biofeedback: controle de cada neurônio. Capazes de "exprimir" qualquer coisa.

O movimento e a coordenação motora são muito rápidos para ser percebidos – e têm de ser. Luta e fuga – milésimos de segundo! Logo, regra básica quando se busca tomar consciência dos movimentos e atitudes: movimentação lenta (tai-chi)!

Neurofisiologia. Propriocepção – o ignorado sexto sentido: sentido de posição e de movimento, setor consciente e inconsciente (muito maior). Mecanoreceptores. Começa com o tato – que é... contato/pressão, deformação da pele mais a sensibilidade das juntas e, em menor grau, a dos próprios músculos.

Dificuldade de sentir. Desde cedo se delega aos olhos a função de dirigir e configurar mãos e corpo para a ação – o que é vital (rapidez de resposta).

Quatro técnicas para desenvolver a propriocepção:

- Relaxamento (global, local), induzido por alguém ou autoinduzido.
- Movimentação passiva.
- Oposição estática, dinâmica, local, geral.

- Alongamento: autoalongamento ou alongamento feito por outra pessoa.

Técnicas dinâmicas: movimentos quaisquer – lentos e sem modelo visual. Com hiperventilação estimulante ou não. Gravados em vídeo ou não.

Limite: dança de Shiva, sozinho ou com outra pessoa – mais de duas? Com hiperventilação estimulante ou não. Gravada em vídeo ou não.

Técnica de Stanley Keleman, mais as de Reich e as minhas: perceber e exagerar ao máximo as tensões existentes, seguindo sua ampliação espontânea.

Em grupos, assistidas por outros ou não.

PELE – CONTATO – CARÍCIAS

Em cada encontro serão feitas sugestões quanto a regiões e modos de tocar. Começar escolhendo com quem. Inoperante se for "técnica" (válida para qualquer um). Variar companheiro a cada encontro. Continuar a acariciar enquanto houver interesse, atenção espontânea fácil. Parar em caso contrário.

A concentração é essencial e não pode ser cobrada no contato com qualquer cliente (é preciso certa afinidade), nem durante qualquer tempo – ou muito tempo.

Muito variadas tanto na extensão, na pressão, na região do corpo, na parte do corpo do terapeuta que faz o contato (ponta dos dedos, dedos, mão inteira e mais). Nem se concentrar nem omitir o contato com a região genital.

A pele humana tem mais de quinhentos mil pontos sensíveis em dois metros quadrados de extensão. Crianças são mais sensíveis ainda, pois já nascem com todos os pontos sensíveis – e têm uma superfície muito menor que a do adulto. Mas sua sensibilidade precisa ser despertada – por contatos, é claro.

A ponta de um dedo (a região mais sensível do corpo) pode sentir um ponto com seis milésimos de milímetro de espessura e quatro centésimos de milímetro de diâmetro...

Há seis tipos de sensores táteis especializados espalhados pela pele, mais um filete nervoso enrolado em cada fio de pelo ou de cabelo...

Enfim, as fibras nervosas que comunicam ao cérebro o que está acontecendo em cada ponto da pele a cada instante conduzem sua mensagem à velocidade de 80 a 100 metros por segundo.

Isso, para todos os efeitos práticos, quer dizer instantaneamente: tocou, sentiu!

Esses pontos produzem variadas sensações de tato ou de contato, vibração, pressão, picadura, "correntes elétricas" (o famoso *frisson* dos franceses). A distribuição desses sensores não é uniforme. É máxima na ponta dos dedos e em torno dos lábios. É mínima na barriga da perna e nas costas.

Outros sensores percebem frio, calor ou dor e comunicam-se com o cérebro um pouco mais devagar.

Além disso, sob a pele, em articulações, tendões e tecido conjuntivo (que amarra todas as células e órgãos entre si), há mais orgânulos sensíveis a pressão, tensão, deformações elásticas, beliscões e deslizamentos da pele sobre os planos mais profundos.

Boa pergunta: por que tanta sensibilidade? Só pelo prazer/dor, frio/calor?

O tato foi o primeiro sentido desenvolvido pelos seres vivos. Isto é, o tato é o mais vital dos sentidos. Até plantas o usam. Há vegetais com gavinhas, hastes finas e compridas que, ao encostarem em alguma coisa, vão se enrolando em volta dela. Os protozoários têm tato e é fascinante vê-los ao microscópio "dirigir" seus corpos como se fossem carros de alta velocidade, jamais colidindo com algum obstáculo – ou se atropelando!

O tato é o juiz fundamental de "senso de realidade". Se tocou, se resistiu, se é consistente, então é real!

IMITAÇÃO – A RENEGADA

Tanto quanto a motricidade, a imitação tem sido omitida, esquecida ou negada em psicologia. No entanto, pode-se mostrar que o cérebro é um órgão feito principalmente para imitar!

Já vimos que dois terços dele servem à motricidade. A estimulação aleatória do encéfalo produz, em dois terços dos casos, movimentos dos olhos, isto é, "os olhos estão presentes a tudo que fazemos". Os olhos controlam tudo que fazemos (correlação oculomanual). Controlam também muito do que os demais fazem... *A retina periférica controla todos os automatismos motores e ocupa mais de 95% da área total. A mácula, única área capaz de ver com plena nitidez – em branco-e-preto – tem 2 milímetros de diâmetro.*

O aprendizado de todos os filhotes de mamíferos é feito quase totalmente por imitação.

O recém-nascido humano imita quem quer que esteja diante dele, e a maior parte da educação ocorre por imitação. O mesmo se diga da comunicação. Segundo os neurolinguistas, o melhor modo de compreender alguém é imitando-o.

Freud passou perto ao valorizar a *identificação* – processo inconsciente de imitação e principal processo estruturante da personalidade. Vai do corpo do imitado para os olhos de quem imita e dos olhos de quem imita para seu próprio corpo.

Gravações em vídeo demonstram que, em um diálogo, ocorrem entre os participantes pequenos movimentos rápidos – microdicas – de ensaios de imitação entre eles. Uma espécie de dança!

É preciso controlar *firme e cuidadosamente* os próprios movimentos (faciais, gestuais, posturais) a fim de evitar essa imitação espontânea (atitude neutra, "não se envolva")... A expressão desse controle é vista como rigidez, impassibilidade, inacessibilidade, distância, indiferença, "objetividade" (a pessoa – o terapeuta, o cientista) se faz objeto!

> Se, ao contrário, dermos liberdade a essas imitações espontâneas, elas serão base para a intuição, para a compreensão e a simpatia entre as pessoas.

O OLHAR, ESSE DESCONHECIDO

É espantosa a omissão do olhar na psicologia. Dir-se-ia que as pessoas são cegas...

Essa é a segunda omissão. A primeira é a dos movimentos.

Somando as duas, temos a omissão da imitação: os olhos tendem a acompanhar e "compreender" ou responder – seletivamente – a tudo que veem. É o mais fundamental processo entre presa e predador. Desde bem pequenos os filhotes vão aprendendo a "prestar atenção" a tudo que os cerca e a responder com movimentos a todos os movimentos do ambiente. E ai de quem não aprende!

O alerta visual é o anjo da guarda de todos os animais superiores. Não sobrevivem os mais velozes nem os mais fortes, e sim os mais alertas, os mais presentes, os que estão ou permanecem mais no aqui-e-agora.

Negar olhar e movimentos é negar a individualidade tanto do agente quanto do momento.

A mais fundamental das repressões é a do olhar, que leva consigo a da expressão não verbal (captada principalmente pelos olhos).

FUNDAMENTOS

O conflito central (a cisão básica) de todos os seres humanos é este:

1. Todas as forças sociais atuam sobre cada pessoa, tendendo a modelá-la para torná-la semelhante às demais, formando-se assim falas (preconceitos), modos e atitudes típicos dos papéis e das classes sociais. Esses modos e atitudes sustentam os significados e valores da sociedade considerada – são as forças reais que produzem e mantêm a estrutura social. Também podemos dizer: a estrutura social é o principal do ecossistema ao qual cada um e todos têm de se adaptar.

2. Dois terços do cérebro servem à motricidade. A visão, assim como o controle dos movimentos oculares, está presente e funcionalmente atuante em quase toda a extensão e volume do encéfalo. Por essa razão pode-se dizer que a função primária do cérebro é a imitação (imagem + movimento). *Por isso mesmo é que a pressão das forças sociais uniformizantes é efetiva.*

3. Mas, em contrário, sabemos que o DNA de cada pessoa é único, tendendo a modelá-la, *com força de instinto primário*, como exclusiva em sua forma e em sua dinâmica – a cada instante de sua vida, em quaisquer circunstâncias.

Paralelos:

> O Universo é controlado pelas leis da Mecânica Quântica. Isso significa que há probabilidades para histórias alternativas (princípio de indeterminação). Qualquer entidade à nossa volta deve sua existência não apenas às leis da Física (uniformidade, determinismo, repetição), como também a uma sequência inconcebivelmente longa de eventos singulares aleatoriamente encadeados! (Individualidade, liberdade, criação.)
>
> *Murray Gell-Mann – Prêmio Nobel*

Toda ciência é estatística.

Erwin Schrödinger – Prêmio Nobel

Portanto, podemos estabelecer a *probabilidade* de qualquer evento, mas jamais poderemos prever *com certeza* o que acontecerá no aqui-e-agora. Podemos estabelecer "padrões", mas a individualidade estará sempre ausente das conclusões!

Cada estudo estatístico em psicologia nega o indivíduo – que é seu principal – ou único – objeto!

PENSAMENTO PARA O FUTURO CURSO

Amadurecer ideias sobre exercícios, passando da oposição analítica, precisa, localizada – e artificial –, para movimentos mais amplos, mais usuais, mais pessoais.

Os blocos principais são:

- respiração;
- movimento/postura;
- olhar;
- imitação.

MOVIMENTO/POSTURA

Postura tem que ver com o "modo de se pôr" na situação e, uma vez dentro dela, com a capacidade de ir mudando espontaneamente a posição em função das intenções próprias ou dos circunstantes. Estamos o tempo todo nos adaptando ao ecossistema, ao macro e ao micro, entendendo-se macro e micro como *tempo*. Quero dizer que em um grupo de pessoas, por exemplo, a cada poucos instantes mudam as intenções e o sujeito tende a modificar-se e adaptar-se continuamente a essas mudanças. De regra com pouca consciência disso.

Sempre existe a postura como preparação e apoio ao ato intencional. Ela é mecanicamente necessária, é a base, a estrutura. Quase sempre se compõe sozinha e o sujeito não percebe que ela está mudando em função das transformações no ambiente ou no interlocutor.

Vejamos alguns modelos de exercícios favoráveis à percepção dessas mudanças.

Dois em pé, frente a frente. Mão direita contra mão direita. Entre eles, meio metro de distância. Um é ativo e, bem lentamente, move a mão em várias direções, fazendo pausas. Ele está pressionando o companheiro por meio da mão e o companheiro resiste – o tempo todo, de modo equilibrado (com a mesma força – exercício de oposição). Ambos são convidados a perceber, a cada parada, a mudança nos apoios (no *grounding*). Ambos são convidados a perceber como o corpo se arruma e rearruma a cada momento, aprendendo a sentir, assim, *a relação entre ato e atitude*.

Exercício semelhante pode ser feito fixando as muitas posições deste, cada uma permitindo a percepção estática da situação.

Imitação: um faz e o outro imita – frente a frente ou um atrás do outro. Vários em fila.

Acentuar a imitação respiratória. Para facilitá-la, solicitar ao líder que faça movimentos com os braços e tronco que acentuem a respiração.

Imitação proprioceptiva: dança lenta, de dois juntos. Primeiro um leva, depois o outro. Talvez dê para fazer frente a frente e também costas contra costas – de mãos dadas. Também um de frente para as costas do outro e vice-versa – encostados.

As mudanças do *grounding* também permitem sentir como varia a manutenção do equilíbrio do corpo a cada nova posição.

Sentir o apoio nas plantas dos pés, na iminência de queda e na reação do corpo a essa ameaça.

Um de pé e o outro comprometendo seu equilíbrio – sempre lentamente... Se um fica sentado, a queda é muito difícil, mas podem ocorrer muitos movimentos sinérgicos do tronco, dos braços e da cintura escapular.

De pé, pode-se fazer oposição com um braço ou com os dois, com mãos nas mãos ou com uma mão na mão e outra livre. As mãos livres dos dois podem perturbar um ao outro variadamente – sempre bem devagar.

É possível fazer exercícios desse tipo em muitas posições, também sentados frente a frente ou um atrás do outro. Com um dos dois deitado também pode ser, mas creio que as reações nada têm de familiares. Não sei se seria útil.

Sempre vale sentir de início a posição e os movimentos; e logo depois a respiração, cujo formato varia também a cada novo esforço. Solicitar que um faça força e o outro resista ou que ambos façam força igual – em oposição.

O EQUILÍBRIO, A POSTURA E A ATITUDE: EXERCÍCIOS

Durante muito tempo fiz as "4 técnicas" com a pessoa deitada. "Banquei" Freud. Deitado não sou eu. O tema central de Reich–Gaiarsa é o sistema de equilíbrio (postura) e sua associação inextricável com as contenções neuróticas (atitudes). Todas as identificações das pessoas têm de respeitar o sistema de equilíbrio, estando integradas a ele. Têm de "parar de pé", têm de respeitar a ortostática – o que é óbvio demais para ter sido percebido...

Por isso é melhor fazer as "4 técnicas" com as pessoas em pé ou, no mínimo, sentadas.

É conveniente, antes das "4 técnicas", fazer exercícios que alertem os participantes para seu sistema de equilibração.

De pé, oscilar lentamente, com o corpo em posição normal, depois com a cabeça inclinada em várias direções, depois com o tronco inclinado em várias direções, depois com os braços estendidos para a frente, para os lados, um por vez, os dois juntos. Tudo isso com os pés juntos, depois separados por diversas distâncias, depois um na frente e outro atrás etc.

Estudar as sensações corporais enquanto a pessoa executa variados movimentos com o corpo todo, o tronco, os braços, com joelhos flectidos ou estendidos e mais – *bem lentamente*.

Depois alguém empurrando o outro de muitos modos, aplicando força em várias partes do corpo – sempre bem devagar.

Depois o brinquedo das mãos: os dois de pé, frente a frente. Primeiro um puxando o outro enquanto este resiste – sem conter de todo (freada contínua). Depois empurrando. Depois os dois "brigando" em câmera lenta, com esforço moderado – sempre em pé.

Periodicamente, encontro com uma hora de silêncio e pouco movimento. Periodicamente, "grupo sem palavras" – com liberdade total de movimento e de contato.

ANEXO 1
Cartilha do PM – partido das mães

É preciso começar compreendendo muito bem que, *mesmo sem querer e sem saber*, AS MÃES SEMPRE CONSTITUÍRAM O MAIOR PARTIDO CONSERVADOR DO MUNDO.

Nas conversas usuais e na mídia, está sempre implícito que elas nada têm que ver com política. Respondendo à pergunta "qual a relação entre a mãe e a política?", a maior parte das pessoas mostrar-se-á perplexa, estranhando tão exótica aproximação entre essas duas realidades, tidas como bem distintas e independentes.

Mas pedimos ao leitor que nos acompanhe nesta demonstração simples e clara de quão verdadeira é a afirmação supra.

1. As mães, em qualquer país, são em número maior do que os membros de qualquer partido político. Logo, em qualquer democracia, constituem maioria e podem determinar, aprovar ou vetar leis – conforme o caso.

2. Ninguém, como as mães, exerce tanta influência sobre tão poucas pessoas durante tanto tempo. ("Poucas pessoas" significa: marido e filhos. "Tanto tempo" significa: de quinze a trinta ou mais anos – até que os filhos ganhem independência. Muitos não conseguem. A expectativa mais comum é a de que a família deve durar para sempre.) A imagem e as falas maternas gravam-se indelevelmente no íntimo de todos, por toda a vida, determinando muito de nossas descrições e escolhas.

3. Ninguém exerce tanta influência sobre tão poucas pessoas, *no período mais formativo da personalidade* (da fecundação aos 5 anos de idade, mais ou menos).

O dado seguinte é fundamental para compreender a fundo toda a importância das mães na formação (e deformação) da personalidade e na conservação dos costumes sociais.

> De muitas fontes e maneiras pode-se mostrar que os primeiros cinco anos da vida são decisivos para o desenvolvimento da personalidade. Essa é a conclusão de um século de psicanálise.

4. Qual o maior desejo de todas as mães do mundo? *Que seus filhos sejam normais e, se possível, bem-sucedidos no mundo em que vivem.* Dito de outro modo: a imensa maioria das mães não mostra interesse em compreender as forças sociais e políticas que atuam sobre elas; compreendem menos ainda a influência que *exercem* ou *poderiam exercer sobre o destino de seus filhos e dos filhos de todas as mães, de cada país do mundo todo.*

5. Além desse poder efetivo, *as mães gozam de um prestígio mítico inigualável.* "Mãe" é palavra mágica, capaz de despertar ressonâncias profundas em quem quer que a ouça, ressonâncias de amor (e raiva!), de respeito, reverência e muitos outros sentimentos, poderosos e contraditórios. Essa é uma outra força poderosa inerente à maternidade – a qualquer tempo e em todos os lugares.

6. "Mãe sempre está certa" ou "Mãe sabe como é a vida". Com essas frases, tão repetidas, a coletividade outorga às mães um poder tirânico de fazer o que lhes aprouver com os filhos – sempre com a aprovação de todos. Mãe pode castigar o filho; ela *deve* agir assim se for preciso para "educá-lo". Tampouco se assinala: se a mãe está sempre certa, então a criança está sempre errada, e assim se forma a sensação de inferioridade presente em todos nós (e nas mães também)!

Creio que esteja claro, a esta altura, o poder das mães – o de transmitir os "Sagrados Valores Tradicionais" aos filhos. Essa é a sua função precípua. A mãe é o primeiro e o mais importante dos cargos públicos, cabendo a ela a função de gerar e modelar o comportamento de seus filhos, para fazer deles cidadãos "normais", aceitáveis para a sociedade na qual vivem.

Se a sociedade fosse bem organizada, justa, constituída de cidadãos pacíficos e cooperativos, tendendo para a igualdade socioeconômica de todos, então o papel das mães seria realmente divino.

Mas nosso mundo, sabemos, é por demais injusto, violento e inseguro. Basta assistir a um noticiário de TV e depois a alguns filmes de ficção para constatar esses fatos. São só tragédias, acidentes, corrupções, mentiras e, na ficção, intermináveis perseguições, caçadas, pancadarias, torturas...

OS HOMENS (sexo masculino), PELA SUA HISTÓRIA E PELOS SEUS GENES, SÃO PERIGOSAMENTE AGRESSIVOS.

Consultando a História, aprendemos que em dez mil anos da assim chamada civilização nunca houve um ano de paz na Terra. Guerras, guerras e mais guerras, todas feitas em nome de Deus – dos dois lados.

Tão ruim ou pior do que isso: durante todo esse tempo e em todas as grandes civilizações, a sociedade sempre foi composta por 5% de "autoridades" (Os Poderosos), vivendo em ostentação e com poderes absolutos sobre quase todos os demais cidadãos; havia depois cerca de 15% de pessoas vivendo razoavelmente – à sombra dos poderosos –, com casa, comida, educação e tempo de lazer; os 80% restantes compunham-se de seres sub-humanos destituídos de quaisquer direitos e regalias, a se darem por satisfeitos quando conseguiam sobreviver de restos. São os escravos, os prisioneiros de guerra, os servos, os camponeses, os operários, os soldados rasos; enfim, muito embora nunca se diga, as mulheres, as mães e as crianças.

Esse é um resumo dos piores aspectos da humanidade, caracterizando a agressividade incontrolável dos homens (sexo masculino). O sexo feminino, tão mais próximo da vida e tão mais importante para a continuação da espécie, não sofre desse mal.

Enfim, 98% crimes de violência praticados no mundo são cometidos por homens. Estamos resumindo estudos sobre o genoma humano e sobre nossa pré-história, ao longo da qual se intensificou nos HOMENS a agressividade e a crueldade na *caçada*.

Vivemos *2 milhões de anos como caçadores errantes*, e isso intensificou demais a agressividade masculina (*as mulheres não caçavam*), continuando depois, durante a história, a intensificar-se cada vez mais a ferocidade e a crueldade. Com a invenção da agricultura e do pastoreio, os homens começaram a *acumular reservas e riquezas*; com elas, despertavam a ambição desmedida. Na caçada, seria inútil matar muitos animais; o grupo era pequeno (20/40 pessoas) e a saciedade limitava a destruição. Mas, frente à riqueza, qual o limite?

Desse modo, a caçada se transformou em guerra de conquista.

É fundamental compreender:

> A agressividade masculina pouco mudou em dez mil anos de história, mas, nesse período, as armas se tornaram destrutivas além de qualquer medida ou imaginação.

Diante desses fatos por demais importantes para todos nós, e para todas as sociedades, é preciso concluir: se os poderes econômicos, políticos e militares continuarem nas mãos dos homens, é certo que a humanidade será destruída.

Não fizemos outra coisa até hoje.

Mais de vinte guerras só neste século e cinco ou seis em curso hoje. A produção de armas é o negócio mais rentável de todos.

Só as mães podem salvar o mundo, se forem – se formos – capazes de criar uma nova espécie de educação.

Essa a finalidade última do Partido das Mães.

Acreditamos ter demonstrado quão poderosas são as mães e quais as circunstâncias sociopolíticas que as tornam tão poderosas.

Até hoje, ameaçadas e dominadas pela agressividade masculina, limitaram-se ao que os poderosos exigiam delas: preparar as gerações sucessivas para serem dominadas com facilidade, atuando sobre as crianças a fim de torná-las obedientes, alheias a si mesmas e a quase tudo que as cerca – massa plástica nas mãos dos poderosos.

OS ANOS DECISIVOS

Mas a força mais poderosa das mães está na influência que exercem sobre as crianças nos primeiros anos da vida, os mais plásticos, os mais impressionáveis e os mais decisivos para todo o sempre.

São o chão da personalidade.

Sempre será possível acrescentar, mas é impossível destruir ou dissolver esses fundamentos.

A educação familiar é para sempre.

O mito da Família Perfeita nos diz: as crianças até essa idade são engraçadinhas, frágeis, bobinhas, precisam de mil cuidados, nada têm a dar aos pais ou a fazer por eles e dependem em tudo da generosidade, abnegação, desprendimento e sabedoria dos adultos à sua volta.

Serão os pais sempre tão bons assim?

A criação de filhos baseia-se nesses graúdos preconceitos *contra a criança*. Ela, ainda mais do que a família, é muito bem falada em público e nem tão bem tratada no dia a dia.

No entanto, a cada dia novos estudos vêm demonstrando o quanto até embriões e fetos são capazes de perceber/reagir/aprender com tudo que lhes acontece.

Filhotes de animais aprendem depressa – ou são comidos. Os predadores gostam demais de filhotes inocentes... Os poderosos também...

Com a criança humana o caso é bem pior, pois nascemos em estado de extrema dependência e não temos nenhuma possibilidade de nos afastarmos dos adultos antes de 4 ou 5 anos.

- Ao nascermos, nosso cérebro pesa 20% do peso do nosso corpo;
- quando adultos, ele pesa apenas 2,5%;
- o cérebro de uma criança de três anos já alcançou 90% de seu peso final;
- o cérebro consome 20% do oxigênio inalado, o tempo todo, dia e noite;
- a circulação cerebral na criança é três vezes mais volumosa do que no adulto;
- o ser humano pode aprender durante a vida toda.

Por isso e por muito mais, pessoas notáveis já disseram (de muitos modos): *todos nascemos gênios e a educação nos torna medíocres.*

Esses dados apontam para a mesma direção: o que a criança mais deseja, o que mais precisa é

APRENDER.

A seguir, reproduzimos alguns textos do livro *A criança mágica – A redescoberta do plano da natureza para nossas crianças*, de

Joseph Chilton Pearce.[4] Meu xará verdadeiramente ama as crianças, mas ao mesmo tempo é um pensador complexo e difícil, com ideias bem definidas sobre o melhor e o pior do que fazemos com – ou contra – as crianças. As citações mostram a plena luz os graves preconceitos alimentados por todos em relação a crianças, parto e educação. De outra parte, os textos relatam observações cuidadosas de fatos que põem em dúvida tudo quanto pensamos e tudo que se diz a respeito – ou desrespeito – das crianças.

Citamos os textos com a intenção de orientar novas atitudes e novas práticas em relação a estes tópicos: desenvolvimento infantil, cuidados pré e pós-natais, quanto o nenê é mais presente e vivo do que estamos acostumados a pensar.

Sem uma nova criança, uma nova mãe não tem sentido – e vice-versa!

De outra parte, se lidos com atenção, os seguintes textos nos obrigam a tomar atitudes frontalmente contrárias a consagradas e estabelecidas instituições e práticas médicas e pedagógicas. Mas essas dificuldades servem para demonstrar como, até hoje, parto e desenvolvimento infantil foram mal colocados e mal resolvidos – campo aberto a exigir revisão radical. Foi desses maus começos que se gerou a má humanidade, e a persistência desses maus começos mostra apenas que o sistema social faz tudo para se manter tal qual é, eternamente o mesmo – injusto, opressivo, cruel e sem compaixão.

> Nos anos quarenta, Bernard e Sontag descobriram que o bebê no útero respondia imediatamente com movimentos corporais a sons feitos pela mãe ou sons de seu ambiente próximo. Em 1970, Brody e Axelrod afirmaram categoricamente não haver movimentos aleatórios no recém-nascido ou no bebê ainda no útero. Todo

---

4. Trad. Cinthia Barki. Rio de Janeiro: Francisco Alves, 1983.

> movimento, insistiam eles, tem significado, objetivo e desígnio (minutos após o parto, o recém-nascido começa, em seu estado desperto, a fazer movimentos quase contínuos com seus membros, corpo e cabeça).
>
> Em 1974, dois pesquisadores da Universidade de Boston, William F. Condon e Louis Sander, publicaram um estudo sobre os chamados movimentos aleatórios, observáveis em recém-nascidos. Por meio de sofisticadas análises e filmes sonoros de alta velocidade e registros cinematográficos de recém-nascidos, eles descobriram que os chamados movimentos aleatórios coordenam-se estreitamente com a fala das pessoas próximas. Estudos feitos com auxílio de computação revelaram posteriormente que cada bebê tinha um repertório completo e individual de movimentos corporais sincronizados com as falas; isto é, cada um possuía respostas musculares específicas para toda e qualquer parte do discurso/padrão de sua cultura. Um bebê, por exemplo, movia ligeiramente o cotovelo esquerdo cada vez que o som "q" (como em quero ou queijo) soava nas frases. O som "a" (como em pai) podia provocar movimentação do pé direito ou talvez do dedão do pé. Esses movimentos mostravam-se conscientes: o bebê sempre fazia os mesmos movimentos em reação aos mesmos sons ou sequências de sons.

(Acrescento: os bebês reagem a qualquer língua falada perto deles e não reagem do mesmo modo à música. Os movimentos são típicos e próprios em relação a cada som verbal. Notar, ainda: cada sílaba ou palavra despertava *vários* pequenos movimentos em *várias partes* do corpo.)

> Condon e Sander descobriram que podiam catalogar e alimentar o computador com o repertório das variedades de movimentos de um determinado bebê; gravavam depois uma fita sonora artificial de partes aleatórias das falas, combinando-as com aquele repertório pessoal do bebê. O computador mostrava-se então capaz de prever

exatamente que movimento o bebê faria ao ouvir cada um dos sons executados. Em seguida tocavam a fita para o bebê enquanto o filmavam em alta velocidade (câmera rápida). Em seguida checavam o resultado, quadro por quadro, com regularidade total. Cada som provocava o movimento corporal correspondente, tal como havia sido catalogado no computador.

Estudaram então crianças mais crescidas e depois adultos; descobriram que os padrões de sincronização eram universais e permanentes. Na idade adulta, os movimentos tornavam-se microcinéticos, só discerníveis mediante instrumentação; apesar disso eram claramente detectáveis e invariáveis. A única exceção referia-se a crianças autistas, fato que pode ser importante para se compreender e lidar com esse quadro tão estranho.

> Como cada bebê exibe um repertório de movimentos bem definidos apenas doze minutos após o nascimento, a lógica nos impele a aceitar tenha o bebê estruturado estas respostas – ou ao menos as esboçou – ainda quando em vida intrauterina.
> [...] O que importa neste exemplo é que a aprendizagem já está acontecendo no útero. Notar: a palavra é uma das estruturas humanas mais complexas e intricadas. O fato de tal aprendizagem ocorrer ainda na vida fetal obriga-nos a reavaliar nossas noções sobre aprendizado em geral, sobre como aprendemos a falar, e na certa põe seriamente em dúvida a noção de ser o feto – ou o recém-nascido – um "organismo psíquico indiferenciado". (p. 63-4).

Lembrar: existem mais ou menos duas mil línguas no mundo. O fato notável – em relação às palavras – é este: *qualquer* criança aprende a falar a língua *de seu mundo*. O cérebro – e o corpo! – pode reagir de modo semelhante a qualquer uma dessas duas mil línguas!

Informação prévia: no mundo ocidental aceita-se que o bebê só começa a sorrir depois de dez ou doze semanas de vida.

> Em 1956, Marcelle Geber, subvencionada pelo Fundo das Nações Unidas para a Infância (Unicef), viajou para a África a fim de estudar os efeitos da subnutrição infantil no desenvolvimento da inteligência. Concentrou-se no Quênia e em Uganda e fez grandes descobertas inesperadas: encontrou os bebês e as crianças mais precoces, brilhantes e avançadas como jamais encontradas em lugar algum. Começavam a sorrir contínua e entusiasticamente o mais tardar em seu quarto dia de vida. Análises sanguíneas mostravam, já no quarto dia de vida, a ausência total de todos os hormônios esteroides ligados ao stress do parto. A aprendizagem sensomotora (forma fundamental de inteligência na criança) e o desenvolvimento geral mostravam-se fenomenais, na verdade, miraculosos. Esses bebês ugandenses encontravam-se meses à frente de crianças europeias e americanas. Nos primeiros quatro anos de vida, persistia um desenvolvimento intelectual superior. Esses bebês nasciam no lar e de regra a própria mãe fazia o parto. A criança nunca era separada da mãe que a massageava, acariciava, cantava para ela e a envolvia em extrema meiguice. A mãe carregava sempre o nenê nu próximo a seu peito, contido em uma tipoia. Ele dormia com ela e era alimentado de acordo com seu próprio horário. Ficavam acordados por longo período de tempo – alertas, atentos, felizes, calmos. Quase nunca choravam. As mães estavam tão bem vinculadas com seus filhos que pressentiam sempre suas necessidades de evacuação e ninguém se sujava... A mãe reagia a cada gesto do bebê e ajudava-o em qualquer movimento que tentasse realizar, de modo que cada movimento da criança alcançava sucesso imediato. Com 48 horas de idade, esses bebês assentavam-se audaciosamente retos, com um equilíbrio perfeito da cabeça, seus olhos muito bem focalizados na mãe, atenta e inteligentemente. NÃO PARAVAM DE SORRIR!
> [...] A mãe ugandense trabalha perto de sua casa até uns cinco minutos antes do parto. Mais ou menos uma hora depois já está na rua de novo, mostrando seu novo bebê para os vizinhos.

[...] Quando a mãe africana está pronta para dar à luz, retira-se de sua tribo. Cava um buraco na areia, senta-se de cócoras sobre ele, dá à luz, espera a saída da placenta e a come. A placenta é mais nutritiva do que carne de fígado e muitos povos primitivos – e animais – a comem... Ela abraça então o garoto e volta para unir-se à sua tribo. Ficou ausente não mais de vinte minutos.
[...] Nos Estados Unidos, gravidez e parto são tidos, na prática, como doenças, da qual só os médicos entendem... Para povos primitivos, para os hippies em seus lares não muito limpos, o parto é uma experiência natural, eufórica e extática.
[...] O que é natural não precisa ser pago nem precisa de profissional, que nos rouba aquilo que é naturalmente nosso para nos vendê-lo de volta – e bem caro! Se a noção de parto natural predominasse, como seria possível fazer com que as mulheres fossem mantidas no estado de medo que as faz correr para toda a parafernália médica, adotar posição artificial e constrangedora, submeter a si e ao bebê a uma série de insultos e violações pessoais, obrigando os maridos a gastar tanto dinheiro para pagar o profissional e o estabelecimento, inúteis – ou prejudiciais.

William F. Windle separou algumas macacas e tratou-as com todos os benefícios da nossa medicina moderna. Misturou-lhes anestésicos na hora do parto, proporcional ao peso. Nascido o macaquinho, seu cordão umbilical foi cortado depois de um tempo médio de se fazer o corte na maioria das maternidades. Em todos os casos os macaquinhos não respiraram por sua conta, necessitando de "ressuscitadores" artificiais. Seus sujeitos pouco mostravam de recém-nascidos da espécie. Eram parados e indefesos, incapazes de se agarrar à mãe (como fazem os nascidos naturalmente). As mães, estonteadas pelas drogas e um parto prolongado (devido a estas mesmas drogas), mal podiam ajudá-los. Quanto tempo demorou para que esses macaquinhos mantivessem seus membros em posição adequada e iniciassem alguma atividade sensomotora? Duas a três semanas – enquanto na natureza esse desenvolvimento é o do recém-nascido!

(Informação adicional: nossas crianças, nascidas pelas mãos da ciência, mostram hormônios do estresse [suprarrenal] durante *dois ou três meses* depois do parto. Em Uganda, durante *três ou quatro dias*... Esse dado, respeitado como "objetivo" e, pois, "científico", nem por isso e nem assim convence os esculápios, fazendo-nos recordar a triste história de Semmelweis, o homem que lavava a mão antes de examinar suas pacientes. Em sua enfermaria praticamente não se morria de febre puerperal, enquanto nas demais a mortalidade alcançava 90%! A medicina oficial reconheceu o fato? Só depois de muitos e muitos milhares de mortes de parturientes. *Causa mortis*: orgulho, presunção e ignorância culposa dos médicos.)

Depois desses esclarecimentos tão surpreendentes podemos repetir: o que a criança mais deseja e precisa é aprender.

Mas há uma enorme pedra no meio do caminho: quase toda a comunicação das crianças pequenas com adultos se faz por intermédio da linguagem NÃO VERBAL bastante incompreensível para a maioria das pessoas.

É bom começar lembrando que essa linguagem é natural; é a usada pelos animais. Eles percebem e reagem, certamente sem falar, e é clara sua competência em alguma forma de comunicação.

Quem tem cachorro sabe muito bem quanto eles se fazem entender. Crianças, até muitos meses de idade, se exprimem por meio de movimentos e sons variados quase sempre fáceis de entender quando se percebe bem a situação. Mas as pessoas, viciadas nas palavras e pouco treinadas na observação, acham difícil entender os sinais emitidos pelos pequenos. A maior parte dos adultos sente grande alívio quando a criança começa a DIZER o que sente, quer ou precisa.

Para dificultar mais ainda as coisas, é preciso considerar que as pessoas têm pouca consciência das PRÓPRIAS expressões, da música da própria voz e da forma de seus gestos. No mundo da linguagem não verbal, a maior parte das pessoas se comporta como surda-muda, e é assim que ocorre a maior parte do diálogo entre adultos e crianças, com graves desentendimentos entre ambos.

Mas é preciso saber mais sobre essa linguagem – podemos chamá-la de concreta. É um aprendizado direto pela experiência, sem nível algum de abstração, pura PRÁTICA, no sentido adulto da palavra. Outrossim, é sobre essa experiência que ocorrerá o desenvolvimento da INTELIGÊNCIA; essa é uma declaração hoje banal em educação, resumo mais do que sintético de quanto nos ensinou Piaget (e outros).

Dizendo de outro modo: sem muita prática, ninguém sabe o que está fazendo nem entende as coisas; essa declaração vale para qualquer idade e de modo especial para os primeiros anos de vida.

Como bichinho saudável, a criança se interessa por tudo, quer mexer em todas as coisas, ir a todos os lugares, experimentar o que lhe é possível com as mãos, os olhos, a boca, o corpo todo. Ela precisa "encher" o cérebro de experiências, sem as quais nada pode fazer.

Na vida muito ocupada das pessoas, não há tempo para acompanhar ou proporcionar, para a criança, essa variedade de estímulos, e então substituímos o muito experimentar pelo muito falar, e terminamos falando demais sem saber muito bem do que estamos falando, ou a que estamos nos referindo quando falamos!

Pior ainda: sabemos bem demais quantas vezes dizemos a elas
NÃO – NÃO – NÃO – NÃO – NÃO...

Cada "não" significa um movimento tolhido, um gesto preso, uma experiência frustrada, um aprendizado impedido, uma independência proibida.

Sim, uma independência PROIBIDA. O melhor – ou o único – fundamento da confiança em si mesmo e da independência verdadeira só pode nascer da experiência bem vivida, bem sofrida e bem assimilada. Substituímos essa experiência concreta e real por mil conselhos (preconceitos) sobre o que é direito e o que não é, o que é certo, de quem é a culpa, quem deve ou não deve, mais todas as frases feitas relativas a tudo que os pais DEVEM ensinar a seus filhos. Tudo por demais desligado da experiência infantil e, pois, de sua compreensão verdadeira. Fabricação de papagaios a falar sem saber o que estão dizendo, ou gravações para eternizar a insensatez coletiva.

A criança não entende nada desses conselhos, mas eles permanecerão para sempre em sua mente, atrapalhando todas as suas decisões e escolhas, perturbando a consciência e complicando os sentimentos.

As coisas se encadeiam com uma lógica de ferro.

É preciso tornar a criança muito mais dependente dos pais do que a natureza determinou; assim ela se fará mais dócil, obediente, temerosa e subserviente aos adultos, de início mãe e pai, depois "os mais velhos", professores (em todos os níveis), patrões, sacerdotes, governadores, presidentes...

Ficam assim reforçadas todas *as relações de poder*.

Por isso, limitamos demais a experimentação infantil, em nome de mil motivos e preconceitos discutíveis, a fim de tornar a criança mais fácil de manipular, de dirigir, orientar, "dobrar".

Com algumas vantagens adicionais nada desprezíveis: depois de ter sido tão limitada em sua riqueza de possibilidades e movimentos, ao crescer ela mais facilmente se adaptará a trabalhos inexpressivos e monótonos, como são os empregos e profissões mais comuns.

Ela não será muito gente, nem muito humana, tampouco feliz e muito menos livre; em compensação – será compensação mesmo? – terá emprego e garantirá seu salário e sua subsistência.

Quase ninguém pensa quanto custa essa segurança. Ela está muito próxima daqueles pactos em que a pessoa "vendia a alma para o diabo"...

Além disso, a pessoa mediocrizada pelas restrições "educativas" será na certa um cidadão sério, honesto e operoso, sempre disponível – sem protesto algum – diante de todas as manipulações, abusos e corrupções dos "de cima".

Esse tipo de educação – "acredite e se comporte como as autoridades dizem e nada faça para saber como as coisas se passam realmente" –, tão presente hoje como na Idade Média, levou pessoas amantes da humanidade a se convencer de que todos nascemos gênios e o que chamamos de educação nos torna medíocres.

Anos depois, nossa forma de trabalho (oito horas por dia de monotonia) eterniza essa mediocridade.

Nasce assim O NORMOPATA, tido nas estatísticas como homem normal...

Abusamos da credulidade e da confiança inata da criança nos adultos que a cercam para limitá-la em quase todas as direções.

Esse vício, ou essa forma de deformação, pode ser visto facilmente na história da desumanidade. Confúcio, Aristóteles e Galeno, lembrando apenas três figuras eminentes, foram "autoridades" indiscutíveis (ninguém podia duvidar deles) durante quase *dois milênios*. E sobre Confúcio convém lembrar: ele dizia que as mulheres não têm alma; portanto, matá-las não era crime.

A desumanidade está por demais predisposta a ser obediente e cega; a ver, aceitar ou acreditar naquilo que "as autoridades" dizem; disposta inclusive a viver, morrer e matar por essas "verdades", invariavelmente tidas como "eternas" – mesmo quando se sabe que além da fronteira a verdade eterna é outra...

É fácil ver o quanto a história se repete em cada lar, e o quanto as "autoridades" originais são mãe e pai – modelos para atuação de todas as "autoridades" subsequentes. Por isso "o povo" dá aos pais poderes ditatoriais!

Lembremos também: a maior de todas as autoridades *é a chamada voz do povo, ou opinião pública, aquilo que todos dizem, muitas e muitas vezes, mesmo sem pensar: a ideologia, a soma dos preconceitos de cada grupo.*

MATURAÇÃO DO SISTEMA NERVOSO

Os dados seguintes são os mais fundamentais quando se contempla a possibilidade de criar uma geração efetivamente nova de seres humanos.

Muitos dos estudos sobre o sistema nervoso nos levam à conclusão errônea de que ele se desenvolve segundo etapas bem definidas e constantes.

Os melhores documentos para verificar essa asserção são os livros de Gesell e Amatruda[5], nos quais se descreve passo a passo o gradual aparecimento de muitas aptidões na criança, a cada mês ou a cada ano que passa. Não se declara, mas está implícito, ser esse padrão de desenvolvimento o de *qualquer* criança, em *qualquer* parte do mundo.

A noção está em paralelo com este curioso e ridículo preconceito: na idade adulta, o desenvolvimento se detém. Conclusão

---

5. Algumas obras em português são citadas a seguir. GESELL, Arnold. *A criança dos 0 aos 5 anos*. 3. ed. São Paulo: Martins Fontes, 2005. GESELL, Arnold. *A criança dos 5 aos 10 anos*. 3 ed. São Paulo: Martins Fontes, 1998. GESELL, Arnold; AMATRUDA, Catherine S. *Diagnóstico do desenvolvimento, avaliação e tratamento do desenvolvimento neuropsicológico no lactente e na criança pequena – O normal e o patológico*. Rio de Janeiro: Atheneu, 1990. GESELL, Arnold; AMATRUDA. *Psicologia do desenvolvimento do lactente e da criança pequena*. Rio de Janeiro: Atheneu, 2000.

óbvia e falsa: todos os adultos são iguais entre si e permanecem iguais a si mesmos dos 20 aos 60 anos!

Basta ver as diferenças raciais e culturais, tanto em criança como em adultos, para negar as duas afirmações (lembrem-se do exemplo de Uganda).

É evidente que a maturação do sistema nervoso é diversa conforme os costumes de cada lugar. Mas há casos muito mais impressionantes. Constatou-se mais de uma vez, em autópsias, a completa aplasia (não formação) do cerebelo. As autópsias revelaram que não se tratava de má-formação mas sim de uma completa *não* formação desse órgão. *No relato da vida da pessoa não se constatou sinal ou sintoma algum ligado a essa falha.* Ora, o cerebelo pesa tanto quanto uma quarta parte da massa nervosa contida no crânio, e seu papel é fundamental na coordenação motora. Mas, quando a falha é de nascença, o cérebro encontra outros modos de realizar a mesma função.

Inspirados por fatos semelhantes, pesquisadores puderam demonstrar que, até os 10 anos, o sistema nervoso é plástico quanto à sua formação, isto é, experimentando ou comprovando clinicamente, pode-se mostrar que *o sistema nervoso se estrutura de modos diferentes, conforme as experiências a que o animal ou a criança foram expostos.*

Em outras palavras: o cérebro infantil modela-se pelas experiências a que a criança foi submetida e, segundo um cientista ousado, poderíamos obter vários tipos de crianças, com sistemas nervosos bem diferentes e, portanto, com comportamento distintos.

Temos aqui um dado por demais promissor como esperança e, ao mesmo tempo, mais um argumento a favor da modelagem infantil imposta pela sociedade, usando a mãe como instrumento.

Fazendo demais para seus filhos, as mães impedem que eles aprendam e, sobrecarregadas de tantas obrigações, tão numerosas e difíceis, tendem a cobrar dos filhos tanto quanto cobram de si mesmas. Traduzem toda sua angústia e incerteza em repetições intermináveis de bons conselhos inúteis, pura expressão de desespero e impotência, pois crianças nada têm de boazinhas, dóceis ou obedientes. Crianças são bichinhos muito ativos, espertos, perceptivos, de todo livres de qualquer espécie de moral, escrúpulo ou princípio... e cobram dos pais com o *apoio de todos*.

ALGUNS OBJETIVOS DO PARTIDO DAS MÃES

É preciso deixar bem claro e estabelecido desde o começo que o Partido das Mães é uma proposta nova e de muitos modos surpreendente. Vale dizer: ninguém sabe muito bem o que fazer com essa boa ideia. Mais do que um programa, este ensaio é um convite para começarmos a pensar no assunto.

De início, pensamos em umas poucas reivindicações.

Reciclagem das mães, a fim de torná-las mais aptas e mais seguras para acompanhar e influir no desenvolvimento de seus filhos.

O problema é gritante (as dificuldades da educação domiciliar), mas até hoje não foi levado em conta.

> Criar filhos e conviver durante trinta ou mais anos com um companheiro são as atividades mais difíceis da vida humana. Onde aprendemos essas atividades?

O preconceito diz que mãe sempre sabe o que faz. O preconceito, por sua convivência e conveniência, mantém-se porque reforça o autoritarismo dos poderosos.

Por isso, reivindicamos para o PM, como exigência inicial, uma ESCOLA PARA APRENDER A EDUCAR FILHOS.

Espera-se, contudo, que essa escola esteja sincronizada com as novas tendências do mundo e com os novos conhecimentos sobre a criança. Espera-se, por isso, *que a escola não se ponha a repetir os velhos conselhos e preconceitos que influíram sobre a família até hoje*, e que são, como tentamos mostrar, uma das grandes causas da continuação de uma História da Desumanidade, ou da desumanização dos seres humanos desde o berço.

Não sei e pouco se sabe sobre uma escola com essa finalidade. Há alguns pontos para começar a discussão, mas elaborar mais ampla e mais fundamente a organização dessa escola será uma das grandes atividades de todas as pessoas interessadas no projeto PM. Todas as sugestões são bem-vindas.

Igualmente óbvio, diante do que foi dito, que a escola estará concentrada no estudo dos cinco primeiros anos da vida e na comunicação não verbal.

> Finalidade essencial da escola, à primeira vista surpreendente, será descondicionar os adultos (os pais) em relação a tudo que sabem e sofreram da família em seu modelo tradicional, com seu cortejo de preconceitos impossíveis e contraditórios.

Será preciso uma classe em que os alunos – futuros pais – aprendam a dizer tudo que querem SEM USAR palavras como família, pai, mãe, irmão, parente, você devia, a culpa é sua, assim é o certo, pai sempre sabe o que faz, mãe está sempre certa.

Tudo isso é o começo do autoritarismo. Parece que seria desejável que a democracia começasse dentro da família, com certa igualdade de direitos e deveres entre pais e filhos.

Outra reivindicação do PM: SINDICATO DAS MÃES.

As mães, mesmo as precárias, são a classe mais laboriosa do mundo, sem horário de entrada nem de saída, com uma multiplicidade de obrigações, de longe mais numerosas e complexas do que a imensa maioria das atividades masculinas. São muito elogiadas mas bem pouco auxiliadas, nem sequer apoiadas e esclarecidas sobre seus misteres. Isso para não falar das que trabalham fora de casa...

Por tudo isso, é preciso começar a pensar em um SALÁRIO para as mães e, se necessário, ou conveniente, na fundação de um Sindicato das Mães.

Por demais necessária a influência do Partido das Mães sobre a organização do ensino, a fim de garantir a *continuidade da influência* entre maternidade, lar e escola.

É preciso reconsiderar as maternidades, combater a noção de que gravidez é uma doença a exigir hospitalização, combater a noção terrorista de que o parto é algo espantosamente terrível.

Ao mesmo tempo, começar a exigir desses hospitais um parto humanizado, estilo "parto natural sem medo", e cuidados estilo Leboyer para com os recém-nascidos.

Na Holanda, por exemplo, os partos são realizados em casa, com taxa mínima de acidentes e uma ambulância bem equipada de plantão *na rua.*

O QUE E COMO FAZER

Nossa proposta é original e precisamos da cooperação de todos os interessados no projeto, mulheres e homens.

Sugerimos que você amplie o número de pessoas interessadas, pessoas próximas por parentesco, amizade, vizinhança e ideais semelhantes. Faça reuniões com essas pessoas. Discuta trechos deste ensaio.

Esses exames e análises favorecerão, aos poucos, a compreensão de quanto será necessário fazer para que a Família seja mais verdadeira – diríamos até para que ela se torne possível. Exemplificando com o papel da mãe, podemos dizer: nenhuma mulher do mundo é tão virtuosa e tão sábia quanto nossos preconceitos nos dizem que ela deveria ser...

Lembremos: a Família tradicional, bem ou mal, nos trouxe até aqui, e só por isso deve ser tida como ótima. Mas neste século a humanidade mudou mais, socialmente, do que em todo o resto de nossa História (dez mil anos) e de toda nossa pré-história (de um a dois milhões de anos).

Por isso é necessário rever a velha instituição, reestudá-la e reciclá-la, ou corremos o risco de educar – ou preparar – nossos filhos para um mundo que não existe mais...

REFLEXÃO FINAL

Um dos pontos mais importantes e discutíveis deste ensaio é o que se refere à agressividade masculina. Há muito se discute se o homem é inerentemente agressivo ou se, mais saudável, ele reagiria com raiva e agressão somente quando provocado.

Até hoje a Humanidade só conheceu períodos de certa paz e fartura *com duração de poucos decênios*; como nos demais períodos *sempre houve pouco para muitos*, viviam todos preocupados com a sobrevivência – isto é, sentindo-se ameaçados por morte, miséria, fome.

Essa situação servia como pretexto e estímulo permanente para alimentar a ambição sem limite de todos que estavam em posição vantajosa. Era preciso assegurar-se com quaisquer meios a fim de não ser roubado ou espoliado. O pretexto, em certa medida plausível, servia para todos os abusos de autoridade e para todas as loucuras dos poderosos. *Dado um mundo em que houvesse de tudo para todos, nossa agressividade ainda assim seria tão perigosa quanto dissemos?*

A BOMBA

O problema crítico, em nosso contexto, é a *superpopulação* – muito falada e mal compreendida, servindo apenas para inúmeras e inúteis polêmicas sem fim.

Os governos retrógrados, ou com medo das forças religiosas reacionárias (cristianismo católico e islã), vítimas de uma cegueira alarmante e frenética, insistem na reprodução "natural".

Esquecem todos que a espécie humana é a mais numerosa do mundo, que estamos destruindo o planeta a fim de alimentar a todos, empilhando lixo e poluição em quantidades monstruosas.

Esquecem todos que *a espécie humana é a única que se tornou capaz de regular a natalidade*, de controlar o número de pessoas de qualquer região.

Parece mentira que pessoas, de muitos modos cultas e racionais, não se deem conta do valor desse dado.

Os homens até hoje se reproduziram como ratos, baratas e gafanhotos, sem levar em conta os recursos naturais disponíveis para a sobrevivência.

RECURSOS MATERIAIS E ESPIRITUAIS

Nunca homem algum teve todos os cuidados e todos os recursos para se desenvolver ao máximo. Nem sabemos o que isso significa. Em educação fala-se sempre em "desenvolver o potencial" das pessoas, mas pouco se cogita a respeito das condições necessárias para esse desenvolvimento.

Para dar um exemplo cotidiano e universal: enquanto as escolas tiverem classes com mais de trinta alunos, falar em educação individualizada ou é amarga ironia ou uma palhaçada de péssimo gosto.

Seres humanos só se desenvolvem sob a atenção pessoal de outros seres humanos. Quando os números ultrapassam certo limite, qualquer pretensão de educar se torna impossível.

Será imperativo que o PM entre na luta pelo controle de natalidade.

Enquanto descuidarmos de nossos números, é certo que se manterá ativa nossa agressividade – conforme a descrevemos no texto.

- É a ameaça coletiva que mantém ativa nossa agressividade genética e ancestral.
- Se meu próximo, a qualquer momento, estiver faminto ou for um miserável, terei sempre medo de me ver na mesma situação, farei o possível e usarei todos os meios para me sentir seguro (de não ficar como ele...).
- Daí a ambição agressiva e desmedida de ter mais... mais... mais...
- Amar o próximo não é um conselho divino – é uma fatalidade. Ou nos amamos todos, ou nos danamos todos.

O QUE JÁ ESTÁ SENDO FEITO

Consultando as pessoas certas, chegamos à conclusão de que a organização de um partido político é um processo complexo e demorado, exigindo adesão de muitas pessoas para ser efetivado.

Também: um sindicato de mães é algo impossível diante de nossa legislação; sindicatos só podem existir quando existem relações empregatícias – e as mães não podem ser incluídas nessa categoria.

Note-se a cegueira da lei: *quem mais trabalha não pode reivindicar direitos trabalhistas!*

Foi-nos aconselhado organizar uma associação civil, processo fácil e rápido quanto à legislação.

LEITURAS COMPLEMENTARES

Se você quiser ampliar sua compreensão deste ensaio e melhorar seu conhecimento sobre a influência política da Família, pode procurar:

HITE, Shere. *Relatório Hite sobre a família*. Rio de Janeiro: Bertrand Brasil, 1995.

Há *vários* relatórios Hite, sobre vários assuntos – não confundir. Trata-se de uma estatística qualitativa; além de conter números, o texto reproduz relatos variados, nos quais os sujeitos da estatística descrevem sentimentos e situações vividas por eles. A leitura do livro nos faz lembrar mil e um episódios, pois as pessoas têm problemas muito semelhantes. Com isso a estatística se faz viva e pessoal.

GAIARSA, J. A. *A família de que se fala e a família de que se sofre*. São Paulo: Ágora, 2005.

Procuro mostrar como nossos costumes familiares fazem de nós cidadãos incompetentes, muito críticos contra o governo nas palavras, mas resignados e inertes nas ações. O livro contém bom número de sugestões de como reverter esses malefícios, trazendo inclusive a organização de uma Escola de Família.

LEBOYER, Frederick. *Nascer sorrindo*. São Paulo: Brasiliense, 2004.

O famoso obstetra francês pôde reexperimentar seu parto com técnicas hindus de Renascimento. Sentiu na pele todo o horror e a tortura do que consideramos um "parto normal". Sugerindo medidas simples e afetuosas entre mãe e filho, Leboyer mostrou como é fácil e bonito receber condignamente o novo cidadão.

O confronto fotográfico entre nenês nascidos de um e do outro modo é chocante.

ANEXO 2
Produzir um novo homem

Entre os projetos de José Angelo Gaiarsa para modificar a educação e, consequentemente, produzir um novo homem para transformar o mundo, o mais ousado é o que pretende acompanhar mulheres desde o início da gestação até o nascimento e crescimento dos filhos, dentro de uma nova proposta. "A ideia é convidarmos, digamos, vinte mulheres na fase inicial da gestação, tratá-las com muito cuidado e carinho, realizar seus partos fora da maternidade e então ajudá-las a recuperar a percepção do momento do nascimento e desenvolvimento da criança, e dar aos filhos uma educação diferente", defende o psicoterapeuta.

Esse projeto, segundo Gaiarsa, ajudaria a mulher a resgatar papéis que hoje passaram a ser desempenhados pelo obstetra na gestação e parto e depois pelo pediatra no crescimento e desenvolvimento da criança. Os dois papéis, afirma, são fundamentais para que a mulher volte a perceber aquilo que a criança quer comunicar, habilidade que com o tempo ela perdeu, o que, de certa forma, justifica o sentimento de indiferença, comum nas sociedades modernas. "Felizes os pais que ouvem as lições das crianças. Todo mundo está esperando o homem novo para mudar o mundo, mas ele só virá se for criado e produzido", reforça.

Outra proposta de Gaiarsa, que pretende mexer diretamente com a família brasileira, é criar um programa de televisão que se chamará "Escola de Família", com famílias reais, mostrando situações do cotidiano. Seria ótimo para mostrar a diferença entre a família maravilhosa da qual se fala em público e a família da qual as pessoas tanto se queixam.

(Jornal *Correio Popular*, 15 de março de 1992.)

IMPRESSO NA GRÁFICA sumago

sumago gráfica editorial ltda
rua itauna, 789 vila maria
02111-031 são paulo sp
telefax 11 **2955 5636**
sumago@terra.com.br